Cuatro dimensiones
de la salud humana

Experiencia en desarrollo personal

LOVEAND**TRANSFORMATION** INSTITUTE

Cuatro Dimensiones de la Salud Humana
Experiencia en Desarrollo Personal
Ben Bost e Kent DelHousaye © 2019
Love and Transformation Institute (Instituto Amor y Transformación)

Todos los derechos reservados. El uso de cualquier parte de esta publicación, si es reproducida, trasmitida en cualquier forma por cualquier medio electrónico, mecánico, copia, grabación u otro, almacenado en sistema de recuperación, sin previo consentimiento del Love and Transformation Institute, es un acto que infringe a la ley de los derechos autorales y está prohibido.

Una vez que la editora y el autor hayan usado de sus mejores esfuerzos en la preparación de este libro, no representan ni garantías con respeto a la precisión e integralidad de este libro, y específicamente niegan cualesquiera garantías de comercialización implícitas o aptitud para un propósito definido. Los consejos y estrategias presentados en este documento pueden ser adecuados para su situación. Usted debe consultar a un profesional sobre lo que es adecuado. Tampoco la editora, ni el autor, deben ser responsables por cualquier pérdida o ganancia, o cualesquiera daños comerciales, incluyendo, pero no limitado a, daños especiales, incidentales, consecuenciales u otros.

La editora y el escritor no deben tener la obligación y tampoco la responsabilidad de cualquier persona o entidad relacionada a la pérdida, al daño o al perjuicio causado o presuntamente causado, directa o indirectamente, por informaciones presentadas en este libro. Las informaciones presentes aquí no son, de ninguna manera, reemplazos de una asesoría u otra ayuda profesional.

Logo Four Dimensions es una cortesía de Eli Bost.

Todas las referencias bíblicas son de la New Living Translation (NLT), a menos que sean especificadas de otra forma.

ISBN: 978-1-7339879-3-6

Para más informaciones, visite el sitio LoveandTransformation.org

Publicado por

Love and Transformation Institute

Impreso en los Estados Unidos de América

CONTENIDO

Prefacio
Introducción

DIMENSIÓN UN: CORAZÓN

Carácter	1.1
Familia De Origen	1.2
Realidad Negativa	1.3
Vulnerabilidad	1.4
Frustración	1.5
Estrese	1.6
Ansiedad	1.7
Depresión	1.8
Deseo	1.9
Felicidad	1.10

DIMENSIÓN DOS: ALMA

2.1	Relacionamiento
2.2	Famila De Dios
2.3	Amistad
2.4	Definiendo Límites
2.5	Perdón
2.6	Empatía
2.7	Comunicación
2.8	Conflicto
2.9	Justicia
2.10	Buenas Nuevas

DIMENSIÓN TRES: MENTE

Vida	3.1
Biblia	3.2
Dios	3.3
Nuestro Mundo	3.4
Verdad	3.5
Humanidad	3.6
Moralidad	3.7
Conocimiento	3.8
Significado	3.9
Sexualidad	3.10

DIMENSIÓN CUATRO: FUERZA

4.1	Autoimagen
4.2	Fuerzas
4.3	Objetivos
4.4	Necesidades
4.5	Valores Centrales
4.6	Responsabilidad
4.7	Resiliencia
4.8	Ritmo
4.9	Conciencia
4.10	Vocación

Conclusión
Notas Finales Y Referencias
Sobre Love And Transformation Institute

PREFACIO

¿Cómo crecerás?

Nuestra suposición es que su interés en el libro Las Cuatro Dimensiones de la Salud Humana venga a partir del deseo de ser una persona diferente.

Sin embargo, crecimiento no significa necesariamente que usted será diferente. Piense en un árbol; mientras crece este árbol se vuelve una versión aún más grande y más fructífera de sí misma, no significa que se quedó algo completamente nuevo.

El libro Las Cuatro Dimensiones de la Salud Humana fue creado para ayudarlo a establecer una filosofía de madurez que lleva en consideración la belleza de quien usted ya es y de quien se está transformando.

Usted:

- Descubrirá las cuatro áreas del desarrollo holístico.
- Quedará consciente de los asuntos a su alrededor que impactan el crecimiento en cada área.
- Aprenderá como integrar amor en las cuatro dimensiones de la vida.

Las partes del libro están divididas en cuatro áreas cada, creadas para ayudarlo a crecer, enseñando un enfoque equilibrado y amplio. A medida que la experiencia avanza, es importante acordar que cada parte posee un valor único en su dimensión específica y experiencia general.

El libro Las Cuatro Dimensiones de la Salud Humana puede ser usado de las siguientes maneras:

- Estudio individual
- Tutoría individual
- Estudio en pequeños grupos
- Grandes encuentros

Para obtener más informaciones sobre cómo usar esta experiencia en su escenario exclusivo, no hesite en enviar mensaje para el email info@loveandtransformation.org.

¡Ame de verdad!

Ben Bost
Kent DelHousaye
Co-fundadores
Love and Transformation Institute

INTRODUCCIÓN

> *"La función de la educación es enseñar al individuo a pensar intensamente y a pensar críticamente. Sin embargo, la educación sin eficiencia puede probar ser la mayor amenaza a la sociedad. El criminal más peligroso puede ser el hombre dotado de razón, pero sin ninguna moral... Debemos acordarnos que inteligencia no es suficiente. Inteligencia añadida al carácter, este es el objetivo de la verdadera educación."*
>
> —Martin Luther King Jr., discurso en Morehouse College, 1948

EL VALOR DE APRENDER

La habilidad de aprender es un privilegio increíble y una oportunidad poderosa.

Además, aprender no es solamente moldear su mente a través de adquisición de conocimiento. También significa moldearse como un individuo mientras el conocimiento es puesto en acción. Para que un proceso de aprendizaje sea eficaz, él debe ser multidimensional. Cuando este enfoque é usado, transforma naturalmente personas en seres humanos maduros y responsables, que pueden contribuir con la sociedad y con el bien estar de nuestro mundo.

Jesús dijo: "El discípulo no es superior a su maestro; mas todo el que fuere perfeccionado, será como su maestro." (Lucas 6.40).

En Love and Transformation Institute, creemos que ser "completamente entrenado" significa experimentar desarrollo holístico, el cual llamamos de *Cuatro Dimensiones de la Salud Humana*—emocional, relacional, intelectual y vocacional.

Estas cuatro dimensiones son retiradas directamente de Jesús cuando él afirmo que la mayor vida es encontrada en la siguiente situación "y amarás al Señor tu Dios con todo tu corazón, e con toda tu alma, y con toda tu mente y con toda tus fuerzas" (Marcos 12.30).

EL PAPEL DEL AMOR

Creemos que el crecimiento no es sobre volverse una persona diferente, pero es un proceso de volverse consciente de quién ya es y aprender a amar de verdad a esta persona. Esta es nuestra filosofía de madurez.

El amor se vuelve el factor de conducción de su crecimiento personal.

Dios ha creado cada uno de nosotros a Su imagen con calidades y características únicas con intención de reflexionar quién Él es para el mundo en nuestro alrededor, siendo su principal rasgo de carácter el amor (1 Juan 4.18).

Sin embargo, cada uno de nosotros se depara con dificultad en la vida que, en esencia, ha estropeado nuestro crecimiento y afectado nuestra habilidad de amar de verdad. El primero paso para iniciar nuestro crecimiento es aprender qué es el amor y cómo funciona.

La mayoría de las veces, abordamos el amor como una emoción, pero es mucho más que un sentimiento romántico, una inundación de pasión o un pensamiento manifestó. Y aquí está nuestro comienzo.

¡Debemos pensar sobre el amor de forma diferente!

El amor es activo y estructural, forneciendo arquitectura para todo en la vida. Por eso que el amor no puede ser forzado, pero, sí, elegido. Elegir el amor como influencia principal de su crecimiento es lo que le ayudará a integrarlo en toda la vida. Esta comprensión es la llave para su desarrollo.

EL PROCESO DE ESTRUCTURACIÓN DE CARÁCTER

Por medio de esta experiencia, usted aprenderá como la estructuración de su carácter le fornece habilidad de vivir de verdad la vida. Cada tópico fue creado para discusión y para ayudarlo a desarrollar una filosofía de madurez basada en el molde para las Cuatro Dimensiones de la Salud Humana abajo.

EMOCIONAL

CORAZÓN – Proceso emocional

Amar a Dios con su corazón significa que está aprendiendo y creciendo sobre cómo tener una vida emocional saludable.

RELACIONAL

ALMA – Proceso relacional

Amar a Dios con su alma significa que usted está aprendiendo y creciendo sobre cómo tener relaciones saludables.

MENTE – Proceso Intelectual

Amar a Dios con su mente significa que usted está aprendiendo y creciendo en conocimiento, como pensar de verdad sobre su vida.

FUERZA – Usando su influencia

Amar a Deus con su fuerza significa que usted está aprendiendo y creciendo sobre cómo colocar su crianza única en acción.

INTELECTUAL

VOCACIONAL

DIMENSIÓN UN

CORAZÓN
Emocional

Amar a Dios con su corazón significa que usted está aprendiendo y creciendo sobre cómo tener una vida emocional saludable. Esta sección le fornece ejercicios e informaciones para ayudarle a procesar sus emociones y crear una vida emocional más saludable.

EMOCIONAL

CORAZÓN – Proceso emocional

Amar a Dios con su corazón significa que está aprendiendo y creciendo sobre cómo tener una vida emocional saludable.

RELACIONAL

ALMA – Proceso relacional

Amar a Dios con su alma significa que usted está aprendiendo y creciendo sobre cómo tener relaciones saludables.

MENTE – Proceso Intelectual

Amar a Dios con su mente significa que usted está aprendiendo y creciendo en conocimiento, como pensar de verdad sobre su vida.

INTELECTUAL

FUERZA – Usando su influencia

Amar a Deus con su fuerza significa que usted está aprendiendo y creciendo sobre cómo colocar su crianza única en acción.

VOCACIONAL

¿QUÉ ES EL CARÁCTER?

El carácter se define como las cualidades mentales o morales distintivas de un individuo.

Otras palabras relacionadas con el carácter incluyen estas: personalidad, naturaleza, temperamento, disposición, mentalidad y maquillaje.

Usted puede pensar que el carácter es lo que le guía a hacer lo correcto o decir la verdad. Sin embargo, el carácter es mucho más sustancial que eso.

Son las cualidades que se configuran en nosotros las que nos ayudan a vivir toda la vida.

¿POR QUÉ ES IMPORTANTE EL CARÁCTER?

"El carácter es el conjunto de capacidades necesarias para satisfacer las demandas de la realidad".

—Dr. John Townsend

A menudo no entendemos que nos falta carácter en un área determinada hasta que se prueba por un desafío, estrés o gran dificultad.

El personaje funciona en tu vida de la forma en que las vigas de acero funcionan en un rascacielos. Las vigas proporcionan integridad estructural para evitar que el edificio se derrumbe cuando se aplica presión. Sin pruebas, no puedes saber si tu personaje es duradero o frágil. El resultado de la estructuración de caracteres es el desarrollo de un carácter interno estable, la estructura, que puede "satisfacer las demandas de la realidad".

PROCESO – ¿Cómo le gustaría que su personaje creciera o cambiara?

¿CÓMO FORTALECES TU CARÁCTER?

Fortalecer su carácter comienza primero mediante la comprensión de la estructura del carácter, o la arquitectura interna necesaria para soportar las presiones, expectativas y requisitos de la vida. Según Jesús en el sermón del monte, la sanación y el crecimiento ocurren de adentro hacia afuera (Mateo 5-7).

Su estructura de caracteres interna se compone de cuatro partes que trabajan juntas para crear una base sólida. *El crecimiento se produce al comprender y ampliar su capacidad en cada una de las siguientes áreas:*

- Construir relaciones conectadas
- Establecer límites contigo mismo y con los demás
- Navegar por realidades positivas y negativas
- Gestionar las responsabilidades de la vida

PROCESO – ¿Cuál área arriba es más destacada en su vida como una oportunidad de fortalecer su carácter?

¿QUÉ ES FAMILIA?

Rudyard Kipling ha definido familia como "Todos nosotros somos nosotros—y todos los otros son ellos." (Nosotros /Ellos)

Típicamente, *familia* se refiere a la familia biológica—o su ***Familia de Origen (FDO)***.

Naturalmente, usted busca en su familia la dirección mientras crece hacia la vida adulta. Sin embargo, la familia también fue creada para cumplir tres funciones centrales:

- Proporcionarle bienestar físico y emocional
- Proteger del mal
- Entrenar para la vida

Una familia saludable cumplirá funciones centrales, considerando que todos los miembros necesitan de dos elementos esenciales para direccionar el desarrollo: ***disciplina e instrucción***.

Efesios 6.4 dice que: "Y vosotros, padres, no provoquéis a ira a vuestros hijos, sino criadlos en disciplina y amonestación del Señor".

La disciplina adecuada proporciona entrenamiento de corrección necesaria para el comportamiento. La instrucción es el conocimiento formativo sobre la vida. Lamentablemente, ni todo hogar funciona de una forma saludable y perfecta todo el tempo. Cuando su vida en el hogar no está saludable o es inferior a óptima, puede impactar a estructuración de su carácter.

COMPRENDIENDO EL IMPACTO DE SU FAMILIA

Comprender como ha sido impactado su carácter por su FDO no siempre es fácil. Para algunos, encuentros traumáticos con realidades de divorcio, ira, abuso o control, por ejemplo, parecían normales dentro del hogar. Otros pueden haber probado un hogar que funcionaba de forma pacífica, pero que era carente de una explicación de vida. Independiente de las circunstancias, usted puede sentirse confuso acerca de cómo ha sido creado y sentir que no ha recibido todo lo que necesitaba para vivir la vida.

El primer paso para la comprensión del impacto de la FDO es conciencia.

PROCESO – En el espacio abajo, escriba una breve descripción de cómo ha sido crecer en su hogar familiar. Describa tanto las experiencias positivas como las negativas juntamente con lo que desea que hubiera ocurrido o no.

NI TODA FAMILIA ES FDO

Parte del desarrollo de consciencia es reconocer que ni toda familia es FDO.

Todos nosotros tenemos personas en nuestras vidas que pueden contribuir con nuestro proceso continuo de estructuración del carácter de una forma saludable. Eso nos enseña la oportunidad de desarrollar la capacidad de estructuración de carácter a través de la **construcción de relaciones conectadas.** Son tipos de relaciones que le proporcionan espacio para procesar la vida.

PROCESO – Escriba el mínimo de una y el máximo de tres personas que usted cree que sea una relación conectada. Enseguida, reserve un tiempo para compartir con ellas la descripción de su FDO arriba e les pida un feedback.

¿QUÉ ES REALIDAD NEGATIVA?

Mientras crecía, ¿Cómo sus padres enfrentaban su ansiedad, tristeza o ira?

Si usted es como la mayoría, sus padres normalmente le decían "vaya a tu habitación e cambie tu actitud". La pregunta es ¿por qué? ¿Por qué sus padres le pedían para que se fuese a otro sitio cuando usted se sentía ansioso, tiste o irado?

Esta reacción es porque podemos ocultar nuestro drama de otras personas y evitar sus dramas. Muchos de nosotros crecemos creyendo que emociones como ansiedad, tristeza e ira son malas. Sin embargo, quedarse triste, ansioso, agotado es parte de la experiencia humana.

En nuestra cultura, no es más aceptable tener un día mal. Nosotros nos volvemos tan obcecados con la felicidad que experimentar emociones difíciles normales está fuera de pensamiento y es causa de cuestionamiento de salud mental de la persona.

La realidad negativa es el otro lado de la vida, nada divertida y fácil. Es dura y ardua.

COMPRENDIENDO LA REALIDAD NEGATIVA

Dios ha creado los seres humanos para que fuesen como Él: creativo, racional, relacional y *emocional* (Génesis 1.26-27).

Nosotros leemos en las Escrituras que el propio Dios se queda irado y triste (Deuteronomio 9.20; 1 Reyes 11.9; Génesis 6.6). Nos quedamos irados y tristes debido a la realidad negativa. La verdad es que vivimos en un mundo caído, corrompido por el pecado, que no es el que Dios ha creado para ser. Además, en un mundo caído, existe sufrimiento, dolor y pérdida – mucho del que se refiere a la realidad negativa.

No se puede controlar la realidad negativa, pero podemos controlar nuestra reacción a ella.

LA IMPORTANCIA DE LA INTEGRACIÓN

Aprender a reaccionar bien a la realidad negativa en su vida se llama *integración*.

Una persona integrada es capaz de enfrentar los sentimientos y las experiencias negativas, incluyendo perdida, imperfección, fala y rechazo. Es por eso que la ***integración es la habilidad usada para enfrentar tanto con realidades positivas como con realidades negativas en la vida.***

Integración es la habilidad llave que ayuda en la construcción del carácter. Ella le ayuda a procesar la vida de forma honesta y autentica.

PROCESO – Describa abajo como normalmente usted enfrenta la realidad negativa y cuáles fueron las influencias que le abrieran los ojos de esta manera.

¿QUÉ ES VULNERABILIDAD?

De acuerdo con el diccionario, vulnerabilidad es la calidad o el estado de ser expuesto a la posibilidad de ser atacado o atingido, sea física o emocionalmente.

¿Le parece divertido?

El pensamiento de arriesgarse y ser expuesto al punto de ser herido es algo que evitamos naturalmente – principalmente en nuestras relaciones. Sin embargo, vulnerabilidad ejerce un papel vital ayudándonos a ver la vida y nuestras relaciones de forma precisa.

La vulnerabilidad pavimenta el camino para relaciones duraderas y generadoras de vida que ayudan en la construcción del carácter.

EL BENEFICIO DE LA VULNERABILIDAD

Para apreciar el valor de la vulnerabilidad, primero usted tiene que distinguir entre *herir* y *perjudicar*.

Perjudicar es siempre malo, pero herir, no. Herir puede ser bueno, a veces, y necesario para beneficio de su crecimiento.

Tome como ejemplo el proceso de entreno físico. Raramente las horas de levantamiento de peso y ejercicios aeróbicos son agradables. En la mayor parte del tiempo, ¡hieren! Pero con el tiempo, el beneficio dramáticamente supera el dolor.

Hablar abiertamente sobre su vida lo expone a críticas y feedbacks de una forma que hiere. Sin embargo, es una experiencia necesaria para comprender completamente quien usted es y como otros lo ven en relaciones.

COMO DESARROLLAR LA VULNERABILIDAD

Una óptima manera de desarrollar vulnerabilidad es empezar a abrirse en relaciones sobre aspectos difíciles de la vida. Comparta de manera sabia con las personas que ha elegido. El más vulnerable que se vuelva, menos expuesto se sentirá en esa relación.

La habilidad de enseñar la vulnerabilidad pasa el mensaje de que "Yo no tengo nada que esconder".

PROCESO – ¿Conoce usted a una persona que demuestra vulnerabilidad de una forma admirable? Marque una cita con ella para discutir cómo ha aprendido a ser vulnerable y cómo valora eso.

¿QUÉ ES FRUSTRACIÓN?

"Frustración es el dolor que cura todos los otros dolores."

–Dr. John Townsend

Frustración es el dolor emocional natural que experimentamos cuando nos deparamos con la pérdida o el cambio significativo.

Estos son algunos eventos que pueden causarla:

- Muerte de una persona amada
- Fin de una relación
- Pérdida de una relación
- Cambios

Estos son solamente algunos ejemplos de lo que puede causar frustración. Es importante que comprender que ella es una parte normal de la vida y del funcionamiento emocional saludable. Sentimiento de tristeza e incertidumbre ocurre cuando nos deparamos con experiencias duras y dolorosas.

¿POR QUÉ LA FRUSTRACIÓN ES IMPORTANTE?

Frustrarse es el proceso activo de las emociones que vienen con la pérdida.

Su habilidad de manejar bien eso como parte de la estructuración de carácter es esencial para su salud y bienestar emocional en general. Infelizmente, em nossa cultura atual, você pode ter sido treinado para passar por isso rapidamente ou até mesmo pular essa etapa.

El hecho de no haber tempo para la frustración de la pérdida aumenta mucho el potencial para estrés, ansiedad, depresión, aislamiento, cansancio, insomnio, problemas de estómago y corazón, e incluso muerte.

PROCESO – ¿Cómo ha sido usted instruido a manejar la perdida y el fracaso?

UNA VISIÓN SALUDABLE DE LA FRUSTRACIÓN

Jesús dijo: "Bienaventurados los que lloran, porque ellos recibirán consolación" (Mateo 5.4). "Bienaventurado" fue solamente una de las palabras que Jesús ha usado para comunicar felicidad con aquellos que lo escucharon enseñar. De acuerdo con Jesús, una persona verdaderamente feliz posee una habilidad de frustrarse de una manera saludable.

El apóstol Paulo en 2 Corintios 7.10 dice: "Porque el dolor que es segundo Dios, obra arrepentimiento saludable, de que no hay que arrepentirse, pero el dolor del siglo obra muerte".

Entonces, ¿qué eso nos dice sobre frustración? ¡Que es algo bueno y para nuestro beneficio!

PROCESO – ¿Existe alguna pérdida pasada en su vida con la cual usted nunca se ha frustrado? ¿Cómo sería útil la frustración emocional o física de esta pérdida?

¿QUÉ ES ESTRÉS?

Definición del diccionario: Tensión mental o emocional resultante de circunstancias adversas o muy exigentes.

De acuerdo con especialistas del área, el estrés es el problema de salud número uno de los americanos, pues se considera que, por lo menos, el 75% de todas las visitas médicas sea por problemas relacionados al estrés.

En un artículo publicado en la revista *Prevention*, 3 entre 4 personas se consideran "estresadas".

El estrés es fundamentalmente una presión o tensión que está conectada al cambio. Cualquier cambio, sea concreto o imaginario, puede provocar estrés.

¿QUÉ PROVOCA ESTRÉS EN SU VIDA?

Abajo están los resultados de un estudio de 2017 de la American Psychological Association (APA) para descubrir las causas comunes del estrés en los individuos:

- 63% – Futuro de la nación
- 62% – Financias
- 61% – Empleo
- 57% – Política
- 51% – Crime

Otras causas importantes son salud, relaciones, sobrecarga de los medios y falta de sueño.

PROCESO – Usando las informaciones arriba, ¿qué más provoca estrese en su vida?

DECIR "NO" EN LUGAR DE "SÍ" PARA ENFRENTAR EL ESTRÉS

Enfrentar el estrés de forma eficaz significa que usted debe desarrollar una capacidad de estructuración de carácter para *definir límites consigo mismo y con los otros*.

El estrés siempre es autoinducido por causa de una inhabilidad de saber "cuando decir cuándo". Muchas personas, en nuestros días, asisten de una única vez su serie favorita como forma de relajarse. A pesar de este comportamiento poder ayudar en el inicio, la exposición prolongada a los medios, la extrema estimulación, y la falta de sueño tienen un efecto adverso en los niveles de estrés.

Actualmente, usted debe aprender a decir no más que sí si desea gestionar el estrés de modo eficaz. Usted debe ser quien define los límites. Si alguien espera que usted responda un email o escriba un texto a las 10 de la noche, no significa que tenga que hacerlo.

PROCESO – Liste tres áreas principales donde puede iniciar a decir no para ayudar a reducir el estrese.

¿QUÉ ES ANSIEDAD?

"El inicio de la ansiedad el fin de la fe, y el inicio de la verdadera fe es el fin de la ansiedad."
—George Muller

En 1947, W. H. Auden escribió un largo poema de seis partes llamado "La era de la ansiedad" que ganó el premio Pulitzer. Él no sabía que su perspectiva se encajaría perfectamente en nuestros días actuales.

La ansiedad es posiblemente la mayor epidemia que nuestra sociedad enfrenta incluso con más seguridad, más salud y con más acceso a informaciones que cualquier otra época de la historia.

PERO, ¿QUÉ ES ANSIEDAD?

El diccionario define ansiedad como un sentimiento de preocupación, nervioso o intranquilidad, típicamente sobre un evento inminente o algo con un resultado inseguro.

¿QUÉ PROVOCA PREOCUPACIÓN Y ANSIEDAD EN SU VIDA?

¿Sabía que preocupación y ansiedad son generadas por uno mismo?

Aunque pueda ser disparado por eventos y circunstancias externas, se vuelve anormal o prejudicial cuando la obsesión es por la pregunta "¿Y si?".

Un estudio de la University of Florida ha revelado que el 40% de las personas preocupa con cosas que nunca ocurren, el 30% se preocupa con cosas del pasado que no pueden controlar, el 12% se preocupan con su propia salud, incluso si están perfectamente bien, y el 10% se preocupa con la familia y amigos que están bien. ¡Solo el 8% tiene algún motivo real con el cual se debe preocupar!

> **PROCESO** – Escriba algo que puede provocar una grande ola de ansiedad en su vida. Después de identificar el motivo, piense cual es probabilidad de que ocurra este evento.

ANSIEDAD NORMAL Y ANORMAL

¿Cuál es la diferencia entre un tipo "normal" de ansiedad y un "anormal"?

Ansiedad normal es cuando se tiene preocupaciones o pensamientos sobre financias, niños, escuela, trabajo, etc. ***Ansiedad anormal*** es persistente, irracional, incontrolable, preocupación debilitante, pavor, fijación sobre el futuro o sobre algo que posiblemente pueda salir mal.

La palabra en inglés "anxiety" (ansiedad) viene de la palabra en inglés que significa "to strangle" (estrangular). En Marcos 4.19, Jesús nos dice que las ansiedades y las preocupaciones de este mundo nos "estrangulan/sofocan".

Si es así, la imagen bíblica de la constante ansiedad dice que ella nos estrangula y nos hiere.

PROCESO - Con la conciencia de que la ansiedad y la preocupación son generadas en nosotros mismos, haga una tempestad de ideas sobre como usted puede cambiar su pensamiento cuando aparezca la ansiedad.

¿QUÉ ES DEPRESIÓN?

¿Alguna vez, usted ya ha pensado "Humm, creo que tengo depresión"? Esta se ha convertido en una conclusión tan común en nuestros días que debemos preguntarnos si realmente sabemos qué es depresión.

De acuerdo con la APA (American Psychologists Association), depresión es una condición de salud mental que causa tristeza persistente, pérdida de interese, y disminución de funcionalidad en casa y en el trabajo.

La depresión puede ser ligera o grave, y los síntomas normalmente incluyen sentimiento de tristeza, gano o pérdida de peso, demasiado o poco sueño, sentimientos de desesperanza o indignidad, dificultad de concentración y pensamientos de muerte o suicidio.

¿QUÉ PROVOCA DEPRESIÓN?

Puede ser difícil decir causas exactas de depresión. Frecuentemente es una combinación de varios factores que deben ser llevados en serio. Abajo están algunos de esos factores que pueden contribuir con depresión:

- Bioquímico: desequilibrio químico
- Genética: histórico familiar
- Personalidad: autoimagen, sensibilidad, cinismo, memoria selectiva
- Factores ambientales: trauma, abuso, pérdida, enfermedad, alcohol, drogas, estrese

¿QUÉ HACER SI SE ENCUENTRA EN DEPRESIÓN?

Primero, sepa que depresión es una ocurrencia común y que usted no está sólo.

Además, ¿sabía que la Biblia tiene muchos ejemplos de individuos que luchaban en contra de casos de tristeza y frustración extrema?

(David, Salmo 38.4-8; Elías, 1 Reyes 19.4; Jonás 4.3,9; Job 3.11,26; Moisés, Éxodo 32.32; Salomón, Eclesiastés 1.18; Jeremías 20.14,18; Jesús, Marcos 14.34; Paulo, Filipenses 1.23)

Si es sospechoso que esté luchando en contra la depresión, recomendamos que tome las siguientes actitudes:

Pida ayuda – Puede parecer difícil acercarse de otra persona, relaciones traen grandes beneficios cuando estamos enfrentando la depresión.

Piense sobre su perspectiva – Intente ver el lado bueno en su vida y practique la gratitud.

Cuide su cuerpo – Dormir mejor, seguir dieta, hacer ejercicios y evitar drogas y alcohol pueden elevar el humor y el bienestar general.

Sirva – Salir de dentro de sí mismo y ofrecer ayuda a los otros le ayuda a sentir una parte de algo mayor.

No ignore medicina y consejos – Profesionales del área médica pueden ser una gran ayuda en la batalla en contra la depresión junto con consejos y terapia a fin de procesar su historia e sus eventos de vida.

¿QUÉ ES DESEO?

Deseo puede ser comprendido simplemente como **decidir su corazón en relación a algo**.

Eso incluye todas las cosas por las cuales está enamorado y por las cuales ha esperado. Deseo es poderoso y la cuestión no es si usted va a probar el deseo, per cómo e para qué.

Deseos son neutros— eso significa que ellos no son buenos, tampoco malos. Es como reaccionamos frente a nuestros deseos que son importantes en la construcción del carácter. ¿Nos controlan nuestros deseos? ¿Permitimos que nuestros deseos crean expectativas no realistas para la vida? Estar consciente de estos tipos de preguntas nos ayuda a usar nuestros deseos de manera que Dios ha planeado.

¿QUÉ ES UN DESEO SALUDABLE?

En nuestros días, la emoción se tiene transformado en un medio significativo por el cual las personas deciden si algo es bueno o malo, positivo o negativo, correcto o equivocado. El deseo ahora es utilizado como forma de juzgar la moralidad. Usted puede pensar "Puede que sea bueno para mí porque lo deseo", o "Porque me siento mal, entonces algo debe estar equivocado".

Sin embargo, nosotros sabemos que solo porque queremos algo no significa que nos sea bueno. Además, solo porque estamos luchando no significa que estamos bien.

Esta es la razón porque debemos ser capaces de separar el deseo saludable del deseo perjudicial.

Históricamente, la palabra "codicia" ha sido frecuentemente usada para caracterizar deseo perjudicial. ***La lujuria está siendo manipulada por su deseo para controlarle.***

> **PROCESO** - ¿Cuáles son las cosas que ha deseado tanto que empezaron a controlar su vida?

¿CÓMO USAR SU DESEO?

Para usar su deseo de una forma saludable, encuentre una perspectiva sobre qué desea que venga de su exterior.

Eso significa que usted niega confiar en sus emociones como una fuente primaria para comprender qué es saludable y qué no es.

En el mundo antiguo, las personas decidían si algo era saludable de acuerdo con las siguientes formas: ¿Esto es verdadero o real? ¿Esto es bueno o virtuoso? ¿Esto es bello o excelente? La verdad, la bondad y la belleza podrían ser usadas para evaluar qué es saludable o no porque ellas no están basadas en la opinión. Algo no puede ser verdadero o falso al mismo tempo. Eso también ocurre con la bondad y la belleza. ***Algo será verdadero, bueno y bello o no.***

Aprender cómo usar su deseo de una forma saludable se inicia con un cuestionamiento sobre si qué desea es verdadero, si resultará en bondad y se producirá belleza.

PROCESO - ¿Cuál papel la Biblia puede ejercer en la ayuda de la comprensión de qué es verdadero, bueno y bello?

¿QUÉ ES FELICIDAD?

"Felicidad no es un destino, es un estilo de vida."

–Anónimo

Actualmente es posible que no haya una cuestión más confusa–principalmente en una cultura en que la ansiedad, la depresión y las tasas de suicidio han aumentado a lo largo de los últimos 75 años para la tasa más elevada de todos los tiempos.

Contestar esta cuestión es más crítico que confuso, porque felicidad está en el centro de toda la existencia, esperanza y deseos humanos.

En el diccionario, felicidad está definida como "la calidad o el estado de ser feliz". Sin embargo, esta definición no nos ayuda, en termos prácticos, cuando ella viene para la vida real.

Felicidad es más que solo una emoción, un ápice de placer, una experiencia de sentirse bien basado en una circunstancia. Es un fuerte sentido de estabilidad desarrollado para vivir una vida de modo específico. Como la citación arriba ilustra claramente, la felicidad es encontrada en la forma que vivimos y estructuramos nuestras vidas.

¿LA FELICIDAD ES UN BUEN OBJETIVO?

Usted no tiene opción sino tener la felicidad como objetivo por toda su vida, ¡porque usted fue hecho para eso!

Tenemos el privilegio en el LTI de hacer, para cientos de personas, la siguiente pregunta "¿Cuál es el objetivo de su vida?", la respuesta que recibimos, en casi el 100% del tiempo, fue "ser feliz". Si las personas no decían eso, ellas nos daban una lista de cosas que las hace felices.

Sin embargo, ¿dónde podemos encontrar una estructura, un paradigma o un modelo más seguro para cultivar una vida de felicidad?

¿Sabía que la Biblia tiene más de 100 palabras para referirse a la felicidad? Una palabra utilizada en las Escrituras para felicidad es "**Bienaventurado**", que aparece más de 50 veces en el Nuevo Testamento. Felicidad también es un concepto que es demostrado consistentemente por todas las Escrituras (Mateo 5.1-12; João 13.17, 20.29; Hechos 20.35; Romanos 4.7-8; 1 Timoteo 1.11, 6.15; Santiago 1.12, 25; 1 Pedro 3.14, 4:14).

Jesús dijo también sobre su propia misión: "El ladrón no viene sino para hurtar, y matar y destruir; **yo he venido para que tengan vida, y para que la tengan en abundancia**" (Juan 10.10). ¿No es confortante saber que Dios es feliz y desea felicidad a usted también?

PROCESO - ¿Como una comprensión bíblica de felicidad influencia su visión sobre la vida y sobre el deseo de ser feliz?

¿CÓMO BUSCAR LA FELICIDAD?

Buscar la felicidad empieza con un cambio de perspectiva. Es importante comprender que felicidad es compuesta antes de ser sentida para saber cómo ella ocurrirá en su vida.

Como afirmado anteriormente, felicidad es construida con el tiempo. La estructuración de carácter nos ayuda a desarrollar el tipo de dirección y estabilidad en la vida que aumenta nuestro bienestar. La felicidad no viene por la búsqueda de forma directa, sino como resultado de la búsqueda por aquello que la produce.

Conforme C.S. Lewis afirmó el en libro *God in the Dock*, "Usted no puede lograr las cosas secundarias poniéndolas en primer lugar; usted solo puede lograr las cosas secundarias poniendo las cosas primarias en primer lugar". Eso significa que la felicidad es resultado de vivir la vida de una forma específica – forma en la que el placer no es el foco único, pero tiene su sitio correcto.

PROCESO – ¿Cómo la perspectiva arriba cambia la forma de ver la felicidad? ¿Cuál es la primera cosa que debe ser cambiada para que usted comience a desarrollar un mayor sentido de estabilidad?

DIMENSIÓN DOS

ALMA
Relacional

Amar a Dios con toda su alma significa que usted está aprendiendo y creciendo sobre como ter relacionamientos saludables. Esta sección le ayudará a comprender y a mejorar sus relacionamientos con personas importantes en su vida y con Dios.

EMOCIONAL

CORAZÓN – Proceso emocional

Amar a Dios con su corazón significa que está aprendiendo y creciendo sobre cómo tener una vida emocional saludable.

RELACIONAL

ALMA – Proceso relacional

Amar a Dios con su alma significa que usted está aprendiendo y creciendo sobre cómo tener relaciones saludables.

MENTE – Proceso Intelectual

Amar a Dios con su mente significa que usted está aprendiendo y creciendo en conocimiento, como pensar de verdad sobre su vida.

INTELECTUAL

FUERZA – Usando su influencia

Amar a Deus con su fuerza significa que usted está aprendiendo y creciendo sobre cómo colocar su crianza única en acción.

VOCACIONAL

¿QUÉ ES TRINIDAD?

La idea de "Trinidad" distingue únicamente el Cristianismo de todas las otras religiones del mundo.

Se refiere a un Dios que existe en tres personas, que son todas iguales y también distintas: Dios Padre, Dios Hijo, y Dios Espírito Santo.

COMO COMPRENDER LA TRINIDAD

> *"Escucha, oh Israel: el Señor es nuestro Dios, el Señor uno es."*
>
> —Deuteronomio 6.4

En el verso arriba, vemos una unidad enfatizada en referencia a Dios. Eso implica que Dios está unificado y todavía posee varios aspectos. El lenguaje antiguo de hebreo define la palabra "único" como una rama de uvas. Esta ilustración nos ayuda a comprender la Trinidad con el concepto de que una única rama é formada de uvas individuales.

Otra descripción es la "Tri-unidad", que pone el foco directamente en su unión.

Alister McGrath escribió que la Trinidad "permite que la individualidad de las personas sea mantenida, mientras insiste que cada persona comparta en la vida de las otros dos. Una imagen frecuentemente utilizada para expresar la idea de una 'comunidad de ser' . . . "[1]

PROCESO – ¿Cómo la Trinidad influencia su comprensión de comunidad?

LA TRINIDAD COMO UN MODELO PARA EL RELACIONAMIENTO

¿Dónde usted encuentra su retrato para una relación saludable?

La imagen presentada de la Trinidad es el epitome de la conexión relacional. El modo como los tres miembros se conectan y se relacionan un con el otro es el principal ejemplo de cómo debemos relacionarnos y conectarnos unos con los otros en las relaciones. Como un alma, usted debe estar en relación conectada con otras almas. Entonces, se puede decir que amar a Dios de toda su alma significa aprender como amar de verdad a los otros.

Tim Keller la describió como: "Cada una de las personas divinas está centrada en las otras. Ninguna exige lo que las otras giren alrededor de sí misma. Cada una, voluntariamente, circunda las otras dos, derramando amor, placer y alabanza sobre ellas. Cada persona de la Trinidad ama, adora, se difiere y se alegra en relación a las otras. Eso crea una danza dinámica y pulsante de alegría y amor".[2]

PROCESSO – Si usted se conecta o se relaciona del mismo modo que los miembros de la Trinidad, ¿cómo serían diferentes sus relaciones? (por ejemplo, marido/mujer, padre/hijo, amistad, jefe/empleado).

RELACIONAMIENTO

2.1

LA IMPORTANCIA DE LA FAMILIA

"Una familia comparte cosas como sueños, esperanzas, poses, memorias, sonrisas, desaprobaciones, y alegrías... Una familia es un grupo unido por un pegamento de amor y un cimento do respeto mutuo. Una familia es refugio en la tempestad, un puerto amigable cuando las olas de la vida se vuelven violentas. Ninguna persona está sola cuando es un miembro de una familia."

–Rudyard Kipling

Existen dos categorías de familias: **origen (biológica)** y **opción (relacional)**. Familia significa muchas cosas para muchas personas, pero es esencialmente un lar consiste de, por lo menos, un padre o una madre y un o más hijos. Su familia de origen (FDO) es su familia biológica, con quien usted está genéticamente conectado.

Sin embargo, su familia de opción es su familia adoptada con quien usted está conectado de forma relacional. Cuando hablamos de que es el principal, existe una frase popular, "sangre es más gruesa que agua". ¿Eso es verdad? ¿Su familia de origen es "más gruesa" que su familia de opción?

LA PERSPECTIVA DE JESÚS SOBRE FAMILIA

Jesús habló sobre nacer de nuevo y formar parte de una familia de Dios. Y Él, incluso, sugirió que hacer parte de la familia de Dios es una obra mayor que ser parte de una familia biológica.

"Y estando él aun hablando a las gentes, he aquí su madre y sus Hermanos estaban fuera, que le querían hablar. Y le dijo uno: He aquí tu madre y tus Hermanos están fuera, que te quieren hablar. Y respondiendo al que le decía esto, dijo: ¿Quién es mi madre y quiénes son mis Hermanos? Y extendiendo su mano hacia sus discípulos, dijo: He aquí mi madre y mis hermanos. Porque todo aquel que hiciere la voluntad de mi Padre que está en los cielos, ese es mi Hermano, y hermana y madre."

–Mateo 12.46-50

"Mas a todos los que le recibieron, les dio potestad de ser hechos hijos de Dios, a los que creen en su nombre: A los cuales no son engendrados de sangre, ni de voluntad de carne, ni de voluntad de varón, mas de Dios."

–Juan 1.12-13

PROCESO – ¿Cómo la perspectiva de Jesús, descrita arriba, desafía su comprensión de familia? ¿Es alentador? ¿Incómodo?

LA FAMILIA DE DIOS

Debido a la separación de la familia biológica en la cultura, muchas personas luchan contra una sensación de pertenecer y no saber quién realmente son o a qué sitio hacen parte. La familia de Dios es donde podemos comprender quien verdaderamente somos, y donde encontramos nuestro lugar de pertenencia para siempre.

2 Corintios 6.16, 18 dice: "Habitaré y andaré en ellos; y seré el Dios de ellos, y ellos serán mi pueblo. . . Seré a vosotros Padre, y vosotros me seréis a mí hijos, dice el Señor Todopoderoso."

PROCESSO – En sus propias palabras, describa la esperanza y las personas asociadas con la familia de Dios en su vida.

EL FRACASO DE LA AMISTAD

Actualmente, estamos más conectados de que estuvimos en toda la historia de la humanidad, y nuestra habilidad de nos comunicar con los otros a través de varios canales está, literalmente, en la punta de nuestros dedos. En un mar de herramientas sociales creadas para interacción, la soledad continúa a aumentar a tasas epidémicas, a punto de volverse una crisis en la salud pública.

David Brooks ha escrito: "Hace décadas, las personas normalmente contestaban a los investigadores que ellas solían tener entre 4 y 5 amigos próximos, personas con quien podrían hablar sobre todo. Ahora, la respuesta común es dos o tres, y el número de personas sin ningún amigo próximo ha duplicado. El 35% de los adultos relatan que están crónicamente solos, un crecimiento de un 20% si se compara a la última década."[3]

La realidad es que todos necesitamos de amigos y que no tenemos que vivir la vida solos.

LA FUNDACIÓN DE LA AMISTAD

Muchos han dicho: "el amor es la respuesta". Sin embargo, si el amor es la respuesta, entonces ¿cuál es la pregunta?

La pregunta hoy gira alrededor de cómo el amor está definido. Puede que sea muy confuso que nos quedemos sin habilidad de comprender el amor, incluso en el nivel más básico. En el lenguaje antiguo de los grecos, el amor tenía cuatro palabras, cada una comunicaba un aspecto diferente del amor: amor erótico, amor parental, amor divino y amor de amigos.

El amor que direcciona la amistad es el tipo de amor creado para definir todas las nuestras relaciones, principalmente nuestras relaciones con nuestros iguales. Él funciona como una atención de afecto entre iguales para formar un cambio rico y mutuo de relaciones.

Así como la electricidad fluye desde un punto hasta otro punto, el amor se mueve desde un individuo hasta el próximo. Es la corriente por donde pasa toda relación.

PROCESSO – Describa cómo el amor influencia su perspectiva sobre amistad.

LA IMPORTANCIA DE LA AMISTAD

Construir una gran amistad es un riesgo tremendo. Requiere una comprensión de muchos de los aspectos ya mencionados por la Dimensión Uno. La habilidad de ser vulnerable y de comunicarse sobre cosas como estrés, ansiedad, frustración o depresión es lo que profundamente conecta a los amigos.

El poeta inglés John Milton observó que la soledad fue la primera cosa "no buena" en la creación: "Soledad fue la primera cosa que los ojos de Dios llamó de no buena".

> *"Y dijo Dios: No es bueno que el hombre este solo; le haré una ayuda idónea."'*
>
> –Génesis 2.18

El propio Dios admite que una relación con Él solo no es suficiente. Además, la admisión de Dios sobre la necesidad de relación es sólo sobre matrimonio. Es sobre el tipo de compañerismo que produce la verdadera amistad.

PROCESO – ¿Quiénes son sus amigos más cercanos? ¿Cuáles maneras usted puede usar para desarrollar una amistad más profunda?

2.3

DEFINIENDO LÍMITES Y ESTRUCTURACIÓN DE CARÁCTER

Así como necesitamos estar conectados en relaciones con los otros, también necesitamos saber cómo definir los límites. Encontrar este equilibrio nos ayuda a mantener amistades saludables por un largo periodo de tiempo y es esencial para el proceso de estructuración de carácter.

Mientras su carácter se desarrolla, le da habilidad necesaria para tener relacionamientos saludables al mismo tiempo que también mantiene un sentido de su propia individualidad. Definir límites le ayuda a gestionar personas en su vida de forma apropiada, pero usted también necesita saber cómo gestionar los estresores de la vida.

CÓMO DEFINIR LÍMITES

Hoy, la vida requiere "no" más que a "sí" y es una de las principales habilidades que usted debe aprender a gestionar por toda la vida, de una manera saludable.

Nuestro mundo conectado exige de nosotros una respuesta inmediata. Desafortunadamente, a menudo, aquellos más cercanos de nosotros pueden ser la fuente de nuestro mayor desafío al definir límites. Tenemos que acordarnos de que la estructuración de carácter construye nuestra arquitectura interna para ayudarnos a resistir a las nuestras presiones, expectativas y requisitos de la vida.

Dibujar las líneas es lo que ayuda a crear límites con la familia, con los amigos y con el ritmo de vida en un mundo de cosas inmediatas y exageradas.

De acuerdo con Dr. Henry Cloud y John Townsend, los límites son "líneas invisibles de propiedad" que define para nosotros y para los otros donde la responsabilidad nuestra y suya empieza y termina.[4]

PROCESO – Describa un límite que usted necesita definir en la vida o un relacionamiento que ya podría ser una ayuda inmediata.

EL DESAFÍO DE DEFINIR LÍMITES

"Levantándose muy de mañana, siendo aún muy oscuro, salió y se fue a un lugar desierto, y allí oraba. Y le buscó Simón, y los que con él estaban; y hallándole, le dijeron: Todos te buscan. Él les dijo: Vamos a los lugares vecinos, para que predique también allí; porque para esto he venido. Y predicaba en las sinagogas de ellos en toda Galilea, y echaba fuera los demonios."

–Marcos 1.35-38

Definir límites no hará feliz a nadie. Algunas personas de su vida podrán quedar muy frustradas por los esfuerzos de crear espacio para relacionamiento más saludable.

Tener la habilidad de apagar y ascender en su total capacidad beneficia a todos a largo tiempo. Como enseñado por el trecho arriba, Jesús modeló esta habilidad incluso cuando otros cuestionaban o reclamaban más de él.

PROCESO – Cuando usted elige apagar, ¿qué le ayuda realimentarse y ascender una vez más?

¿QUÉ ES PERDÓN?

"Todos dicen que perdón es una linda idea hasta surgir la necesidad de perdonar."

–C.S. Lewis

El diccionario define la palabra "perdón" simplemente como "conceder perdón".

En la Biblia, vemos dos condiciones diferentes ilustradas como perdón. Por 150 veces, es "perdonar, liberar, o enviar de vuelta" y 27 veces "demostrar bondad o dar gracia". El primero es un tipo condicional de perdón, que significa que existe una condición que debe ser cumplida primeramente para, en seguida, el perdón sea realizado. El segundo es incondicional, significando que ninguna condición es necesaria para que el perdón sea liberado.

¿POR QUÉ PERDONAR?

"Suportándoos unos a otros, y perdonándoos unos a otros, si alguno tuviere queja contra otro. De la manera que Cristo os perdonó, así también hacedlo vosotros."

–Colosenses 3.13

Seamos honestos: ¡perdón es algo difícil! Todos podemos ser rápidos a apuntar cuando alguien debe pedir perdón y pedir el nuestro perdón, pero al mismo tiempo, luchamos para admitir las cosas equivocadas que hemos hecho. Es parte de la condición humana pecadora que compartimos. Sin embargo, la Biblia nos encoraja a perdonar siempre. ¿Por qué? Porque es bueno para nuestra salud.

Según la investigación establecida, existen beneficios de salud mental que viene con el perdón, incluyendo menos ansiedad, menor presión arterial, sistema inmunológico más fuerte, mejora en la autoestima y mejores relacionamientos.[5]

No solo tenemos que liberar perdón hacia los otros, pero incluso debemos ofrecer esta misma gracia a nosotros mismos. Para alcanzar cura y crecimiento, debemos ser capaces de libertarnos de la culpa y de la vergüenza que cargamos del pasado. La misma investigación también revela que guardar la culpa y la vergüenza afecta negativamente nuestra salud.

PROCESO - ¿Hay algo o alguien en su vida que desee perdonar?

CÓMO PERDONAR

Dr. Henry Cloud nos enseña un grande modelo de perdón. Él recomienda seguir los siguientes pasos:

1. Llore la ofensa - no minimice el daño causado
2. Metabolice la ofensa - procese el impacto del que fue hecho
3. Siga adelante - deje atrás la ofensa[6]

PROCESO - Piensa sobre una vez en que usted ha intentado realizar este proceso con la ofensa que ha listado arriba.

¿QUÉ ES EMPATÍA?

La definición del diccionario para empatía es "sufrir con el otro", y la palabra compasión significa literalmente "sentir con el otro".

El concepto del greco antiguo para compasión significa "ser tocado en las entrañas o intestinos", el que explica por qué, para la cultura greco-romana, la fuente de pena o misericordia de alguien no era el corazón, sino las tripas.

La realidad es cuando usted "sufre con" o "siente con" alguien, cuando usted lo prueba con su estómago. Eso incluye entrar en el dolor de alguien y probar de sus heridas como esa persona hace.

¿POR QUÉ EMPATÍA ES IMPORTANTE?

De acuerdo con un estudio publicado en la revista *Scientific American*, empatía y compasión están en una caída acentuada en nuestro país. La encuesta ha revelado que un 75% de 14.000 alumnos evaluaron a sí mismos como menos empáticos de que la media de los alumnos de hace 30 años.[7]

Para nosotros, es muy fácil saber qué no es empatía.

En un mundo dirigido por desempeño y productividad, existe poco tiempo para el dolor. Somos entrenados para que cuando alguien vaya mal, simplemente seguimos adelante.

Sin embargo, no era este el modo de tratamiento de Jesús. Mateo 9.35-36 dice "Recorría Jesús todas las ciudades y aldeas, enseñando en las sinagogas de ellos, y predicando el evangelio del reino, y sanando toda enfermedad y toda dolencia en el pueblo. Y al ver las multitudes, tuvo compasión de ellas; porque estaban desamparadas y dispersas como ovejas que no tienen pastor".

Empatía es importante simplemente porque existe una gran falta de ella. Cuando dejamos de mirar para nosotros y observamos la vida de otra persona, dejamos que otros sepan que amamos y que no estamos inconscientes de que ellos están sufriendo.

PROCESO – Describa un evento reciente en lo que usted ha ofrecido empatía a un amigo cercano o a un miembro de la familia.

CÓMO DESARROLLAR LA EMPATÍA

Podemos desarrollar un más alto nivel de empatía entrando en el sufrimiento de los otros de la siguiente forma:

1. Tomar ciencia de que la situación de las otras personas
2. Estar presente
3. Ayudar a otra persona a procesar sus emociones
4. Valorar su dolor
5. Identificarse con el sufrimiento por el que están pasando

PROCESO – ¿Hay alguien en su vida que se beneficiaría con su reacción empática hacia el dolor de esta persona?

¿QUÉ ES COMUNICACIÓN?

Una razón importante por la que las personas sufren en la vida es la falta de habilidad de comunicarse con los otros.

¿Cree que eso sea verdad?

Un concepto que tiene más de 126 definiciones, de acuerdo con especialistas la comunicación es difícil de ser comprendida. Sin embargo, el investigador Bill Strom ofrece una clara perspectiva sobre la palabra cuando él dice que comunicación es "el proceso por el que dos o más personas envían mensajes a través de diversos canales con el potencial para alguna interferencia".[8]

¿CÓMO OCURRE LA COMUNICACIÓN?

Una gran comunicación es un arte y una ciencia. Es el camino para tener nuestras ideas recibidas y para construir armonía en los relacionamientos. En el proceso de estructuración de carácter, la comunicación es una de las habilidades más importantes. Entonces, debemos saber cómo funciona antes de mejorar nuestra habilidad de nos comunicarnos. En seguida están las siete fases de la comunicación:

1. Existe un "remitente" que codifica el mensaje.
2. Existe un "receptor" que decodifica el mensaje.
3. Existe un "medio" que transporta el mensaje.
4. Existe un "contexto" para recibir el mensaje.
5. Existe un "ruido" que interrumpe el mensaje.
6. Existe un "comentario" dado desde el "receptor".
7. Existen "efectos" desde el mensaje compartido.

La interrupción en la comunicación ocurre cuando el "ruido" entra en el medio del mensaje, el "contexto" para el mensaje no está claramente establecido, o el mensaje no recibe ningún "comentario" de aquel que la recibió. Por ejemplo, si un email de trabajo accidentalmente va para la basura, entonces el "ruido" lo ha bloqueado de ser entregue. Además, si el mismo email, cuando entregue, no tiene una razón clara del motivo de su envío, entonces hay un contexto ausente para aquel que lo hay recibido. Finalmente, si el receptor falla en la respuesta, entonces no existe "comentario" y la interrupción ocurre.

PROCESO – ¿Cuándo usted ha probado una interrupción en la comunicación debido a un "ruido", falta de "contexto" o de "comentario"?

CÓMO VOLVERSE UN MEJOR COMUNICADOR

Volverse un mejor comunicador tiene que ver con aprender a gestionar el "ruido", el "contexto" y el "feedback".

Haga todo que es posible para eliminar el ruido que evita la recepción de su mensaje, pero sepa que eso ni siempre es posible. Según enseñado por la ilustración anterior, usted no logra controlar un email que accidentalmente es desviado para la basura, pero puede conectarse con el "receptor" pretendido y verificar si ha llegado. Solicitar comentario significa dialogar con otros sobre cómo ellos están recibiendo su mensajes y, entonces, reflejar sobre el comentario que usted recibe.[9]

¿QUÉ ES CONFLICTO?

La mayor parte de nosotros probablemente dice que estamos bien familiarizados con conflicto porque sabemos cómo evitarlo.

Conflicto ocurre cuando existe colisión, desacuerdo, oposición o choque de personas o partidos, frecuentemente resultando en una pelea, batalla o lucha prolongada.

¿Por qué evitamos el conflicto?

El conflicto es una forma de "realidad negativa" y una parte regular de la experiencia humana. Parte de la integración de la realidad negativa en nuestras vidas es procesar lo que ocurre con nosotros y en nuestro alrededor. Procesamos el conflicto del mismo modo como procesamos la comida. Así como absorbemos nutrientes y expelimos la basura después de comer, también absorbemos lo que es saludable y expelimos lo que es tóxico de nuestros conflictos. En casi todo conflicto, la experiencia de trabajar y buscar una solución es valiosa. Además, podemos atribuir valor positivo para cada conflicto por el valor que añade a nuestro carácter.

CONFLICTO ES INEVITABLE

Un grupo de historiadores se reunió en una gran conferencia, no hace mucho tiempo, en Londres, para comparar observaciones y descubrir que a lo largo de 4.000 años de historia registrada, solamente 286 de estos años fueron pacíficos en el mundo. A lo largo del tiempo, casi 15 mil (14.351) guerras han sido declaradas y, por lo menos, 8.000 tratados de paz han sido hechos y *rotos*.

Quizás sea por eso que *The New York Times* una vez declaró que la "paz es una fábula".

Factos sobre conflicto:

1. Conflicto es inevitable
2. Conflicto no siempre es malo
3. Conflicto es una oportunidad de crecimiento
4. Conflicto puede ser resuelto

PROCESO – Describa un conflicto reciente que usted hizo parte y cómo su carácter ha cambiado como resultado.

SOLUCIONANDO BIEN EL CONFLICTO

Parte del proceso de estructuración de carácter está aprendiendo a abordar el conflicto como un recurso importante para su crecimiento y desarrollo personal. A través de eso, aprendemos a apreciar cómo el confronto y el conflicto mejora y profundizar nuestros relacionamientos con otros. Cuando superamos la idea de que conflicto es malo y paramos de temerlo y evitarlo, entonces empezamos a crecer y a desarrollar más allá de nuestra habilidad, no solo personalmente, pero también de forma relacional.

Desafío y confronto son muy buenos para nosotros y la Biblia habla frecuentemente sobre ellos.

"Mejor es reprensión manifiesta que amor oculto. Fieles son las heridas del que ama; pero importunos los besos del que aborrece" (Proverbios 27.5-6).

"Hierro con hierro se aguza, y el hombre aguza el rostro de su amigo" (Proverbios 27.17).

"Mejor es oír la reprensión del sabio, que la canción de los necios" (Eclesiastés 7.5).

Según los doctores Henry Cloud y John Townsend, nosotros creceremos en la verdad de forma personal y relacional por medio del confronto.[10]

¿QUÉ ES JUSTICIA?

De acuerdo con *World Vision,* "Justicia es el primero y principal termo relacional– personas viviendo en un relacionamiento correcto con Dios, unos con los otros y con la crianza natural. Desde de un punto de vista de las Escrituras, 'justicia' significa amar nuestro próximo como nosotros amamos a nosotros mismos y está enraizada en el carácter y en la naturaleza de Dios. Como Dios es justo y amable, entonces somos chamados para que hagamos justicia y vivamos en amor."[11]

Existen tres diferentes tipos de justicia:

- El primero es justicia **retributiva** y se refiere a la punición por ofensas.
- El segundo es justicia **distributiva** y se refiere a la compartición de beneficios y fardos.
- El tercero es justicia **restaurativa** y se refiere a la conciliación de víctimas y criminosos.

POR QUÉ JUSTICIA ES IMPORTANTE

La justicia en todas sus formas es un asunto bíblico—la Biblia contiene varios millares de versos sobre justicia. Solo en los evangelios, 1 de 10 versos es sobre alguna forma de injusticia. En realidad, Jesús hablaba más sobre justicia e injusticia que sobre cielo e infierno, violencia, e inmoralidad sexual. Justicia es, en realidad, el segundo asunto más prominente después del foco en la alabanza.

Hasta el siglo XX, había una fuerte conexión entre la alabanza equivocada de una civilización y la injusticia, pero esta conexión se volvió grave, en algún momento, durante los últimos 100 años. John Stott la llamó de "La Gran Giro" porque históricamente, a lo largo de los siglos, los cristianos siempre estuvieron delante de los asuntos de justicia.

PROCESO – ¿Cómo ve usted a la alabanza equivocada de nuestra cultura contribuir con la injusticia en las vidas de las personas? En su opinión, ¿cuáles cosas alabadas por nosotros causan eso?

¿POR QUÉ IMPORTARSE CON LA JUSTICIA?

Simple: una persona con carácter fuerte se importa con otras y con el mundo en su alrededor.

Miqueas 6.8 dice: "Oh hombre, él te ha declarado qué sea lo bueno, y qué pida de ti Jehová: solamente hacer juicio, y amar misericordia, y humillarte para andar con tu Dios".

Nuestra vida en exposición es un reflejo del carácter de Dios en nosotros (2 Corintios 3.17-18) y pavimenta la carretera para que otros vean la belleza que el relacionamiento con Jesús tiene a ofrecer. En otras palabras, es Su gloria revelada por medio de su vida y de sus acciones. Por eso que la justicia es tan importante, podemos ayudar las personas a comprender las "buenas nuevas" que nos aguardan en un relacionamiento con Jesús. Sin embargo, es también como derrotamos al mundo tenebroso y el mal que busca destruir el bueno que Dios tiene para nuestro mundo.

Edmund Burke dijo: "La única cosa necesaria para el triunfo del mal es que los hombres buenos no hagan nada".

PROCESO - ¿Usted logra pensar en asuntos que le molestan en este mundo, y dónde pueden causar un impacto?

EL BIEN COMÚN Y EL BIEN FUERA DEL COMÚN

En nuestra última sesión, descubrimos que hasta el siglo 20, había una fuerte conexión entre la alabanza equivocada de una cultura e injusticia. John Stott llamó a esta moderna desconexión de "La Gran Giro" porque históricamente los cristianos siempre estuvieran delante de dos asuntos de justicia.

¿Qué ocurrió? ¿Por qué los cristianos paran de importarse con la justicia?

En los últimos cien años, algunos cristianos empezaran a creer que la alabanza equivocada era u asunto "religioso" y que la injusticia no era un asunto "político". Cristianos e iglesias, entonces, empezaron a dividirse en dos grupos—un enfatizando a "salvación de almas" y el otro, enfatizando la "acción social". La diferencia esencial entre los dos grupos pueden ser resumidos con los termos utilizados por John Piper en un enfoque en el Congreso de la Ciudad del Cabo en 2010, cuando él dijo que una persona foca en el "sufrimiento presente" y la otra, en el "sufrimiento eterno".

El alivio del sufrimiento presente es llamado de "justicia social" mientras que el alivio del sufrimiento eterno es "evangelismo" o el compartir las "buenas nuevas". La justicia social es sobre el **bien común,** pero el evangelismo es sobre el **bien fuera del común**, y Thomas de Aquino escribió que "el bueno fuera del común puede hacer con que el próximo sea llevado a la verdad". De ahí que, por un lado, el alivio del sufrimiento eterno parece más importante.

¿SOLO BUENAS NUEVAS?

Por otro lado, Jesús se importaba profundamente en aliviar tanto el sufrimiento e como el sufrimiento eterno.

Si Jesús se hubiese importado con el tipo eterno, entonces él había predicado... no había curado, alimentado, oído y se importado con las personas. Jesús esperaba que nosotros también nos importásemos con el sufrimiento presente y eterno (Mateo 25.31-46).

De acuerdo con Jesús y con los apóstolos, el evangelismo y la justicia social están indisolublemente conectados y son, igualmente, importantes (Lucas 10.25-37; Santiago 1.27-2.26). En otras palabras, ellos no consideraban un tema y excluían al otro, pero trataban de ambos.

> **PROCESO** – ¿Cómo esta conexión entre as buenas nuevas y la justicia social cambia el modo como usted piensa sobre su relacionamiento con los otros?

¿COMPARTIR LAS BUENAS NUEVAS?

El padre John Bettuolucci ha escrito: "La acción social sin oración y conversión al Señor es carente de poder y de la habilidad de producir cambio a largo plazo en las condiciones socioeconómicas de los pobres. De la misma forma, la oración y el evangelismo sin una salida de los problemas sociales es un confronto y un desafío al cambio".[12]

Así que es importante comprender que la estructuración del carácter de alguien equipa a un individuo a amar completamente: Dios, yo y los otros. Amar a los otros no es solo un mensaje, pero el cuidado y la preocupación de fornecer todo lo que es necesario para transformar las condiciones a través del relacionamiento.

PROCESO – ¿Cuáles oportunidades tiene usted para amar de verdad a los otros y cuando lo hace, comunicar las "buenas nuevas"?

DIMENSIÓN TRES

MENTE
Intelectual

Amar a Dios con toda su mente significa que usted está aprendiendo y creciendo en conocimiento, como pensar bien sobre su vida. Esta sección le fornece conocimiento para expandir su mente y ayudarla a mejorar sus pensamientos.

EMOCIONAL

CORAZÓN – Proceso emocional

Amar a Dios con su corazón significa que está aprendiendo y creciendo sobre cómo tener una vida emocional saludable.

RELACIONAL

ALMA – Proceso relacional

Amar a Dios con su alma significa que usted está aprendiendo y creciendo sobre cómo tener relaciones saludables.

MENTE – Proceso Intelectual

Amar a Dios con su mente significa que usted está aprendiendo y creciendo en conocimiento, como pensar de verdad sobre su vida.

FUERZA – Usando su influencia

Amar a Deus con su fuerza significa que usted está aprendiendo y creciendo sobre cómo colocar su crianza única en acción.

INTELECTUAL

VOCACIONAL

CÓMO PENSAR SOBRE LA VIDA

Puede que sea cada vez más difícil pensar correctamente sobre la vida en un mundo que está constantemente saturado de informaciones, de media y de publicidad, literalmente en la velocidad de la luz. Entonces, ¿cómo se debe pensar sobre la vida en un mundo tan desafiador?

Antes de todo, se debe tener un modo de mirar el mundo, el que llamamos de visión de mundo.

Según James Sire, "Una visión del mundo es un compromiso, una orientación fundamental del corazón, que puede ser expresa como una historia o en un conjunto de suposiciones que mantenemos sobre la constitución básica de la realidad, y que fornece la fundación sobre la cual vivimos, nos movemos y somos".[13]

En resumen, una visión de mundo es la lentilla por la que miramos e interpretamos el mundo. ¿Cuáles "lentillas" está usando usted para mirar el mundo?

Todo individuo posee una visión de mundo, si está o no consciente de eso. Las visiones de mundo son adquiridas y no heredadas, son desarrolladas con el tempo, lo que las hace difíciles de cambiar.

El libro *Hidden Worldviews (Visiones de mundo ocultas)*[14] describe nueve diferentes "lentillas," cada una con un foco específico para vivir la vida. Mientras observamos las nueve visiones listadas abajo, describa cómo mira usted su influencia en nuestro mundo.

1. Individualismo – vida vivida para sí
2. Consumismo – vida vivida para consumo y materialismo
3. Nacionalismo – vida vivida para la nación
4. Relativismo moral – una vida de libertad sin autoridad
5. Naturalismo científico – vida explicada por la ciencia y la naturaleza
6. Nueva era – vida explicada a través del espiritualismo
7. Tribalismo posmodermo – vida con diversidad y aceptación
8. Salvación por terapia – vida vivida para quedar mejor
9. Teísmo Cristiano – vida vivida en la verdad y en la realidad de la historia de Dios

PROCESO – ¿Con cuál de las "lentillas" anteriores se identifica usted?

¿FUNCIONA EL MODO COMO MIRA USTED AL MUNDO?

Una cosa es creer que el mundo que mira es el mundo correcto. Otra cosa es si esta visión realmente funciona.

Si usted cree que su enfoque de la vida funciona, entonces ¿no estaría naturalmente abierto para testarlo? Sin embargo, a muchas personas no les gusta el desafío o el test sobre qué creen, ellas se quedan en la defensa, incluso violentas.

Mientras piensa sobre su visión de mundo, tenga en mente que para que valga la pena ser defendida, usted debe tener evidencia (la habilidad de ser testada), ser consistente y hacer sentido.

Vamos a elegir como ejemplo el relativismo moral. Si esta visión de mundo realmente funcionase, toda persona debería ser capaz de definir para sí mismas la mejor manera de vivir. Sin embargo, la ley está fuera de todos como una autoridad. En un mundo moralmente relativo, deberíamos ser capaces de hacer nuestras propias reglas, pero no podemos. Cuando el relativismo moral es testado en contra la realidad, no funciona.

PROCESO – ¿Cómo el relativismo moral ha impactado el modo como piensa usted sobre nuestro mundo?

ELIGIENDO LA OPCIÓN CORRECTA

Las Escrituras nos encorajan: "Examinadlo todo, retened lo bueno" (1 Tesalonicenses 5.21).

Probar crea tensión y tensión es una cosa buena. Cuando las cuerdas de la guitarra están flojas, pierden la propiedad de tensión para hacer música. Usted debe estar dispuesto a mantener la tensión de tener su visión de mundo probada para que pueda elegir lo que es duradero. Usted también debe buscar ser sabio en todo que elegir. Es importante evaluar su propia visión de mundo para que esté consciente sobre la manera que ve el mundo y como son diferentes las visiones de otras personas. Además, usted debe ser capaz de apuntar debilidades en su visión de mundo y aprender a adaptarlas con el tiempo.

¿QUÉ ES LA BIBLIA?

En la historia humana, no existe una colección de libros que haya sido más analizada que la Biblia. Es, incluso, el libro más vendido de todos los tiempos. Como literatura, es gráfica, poética, histórica y relevante para sociedades así como para individuos.

Considerada sagrada por los judíos y cristianos en todo el mundo, la Biblia está compuesta de 66 libros originarios de tres lenguas diferentes escritas por 40 autores colaboradores a lo largo de un periodo de 1500 años. El milagro de la Biblia es que, independiente del número de escritores envueltos o del tiempo usado para ser concluida, su mensaje es consistente cuando revelar Dios para la humanidad.

Pero, ¿por qué debería importarse usted?

¿POR QUÉ PODEMOS LLEVAR LA BIBLIA EN SERIO?

Todos los días usted toma decisiones Morales y éticas. Estas decisiones no solo le afectan como individuo, pero también los que están a su alrededor.

¿Cómo evalúa usted las decisiones que tiene que tomar? ¿Consigue verdaderamente tomar las mejores decisiones posibles si influencia externa?

Llevar la Biblia en serio comienza con la comprensión de que ella no ha surgido de ocaso, pero a través de un proceso maravilloso e intencional en el que Dios se relacionó con personas y eventos reales en la historia humana.

Podemos confiar en la Biblia como un libro inspirado por Dios, porque todo el libro cumple cuatro condiciones importantes:

1. Para el Antiguo Testamento, el libro necesitaba ser escrito por un profeta de Dios. Esto es importante porque estar equivocado para un profeta le costaría su propia vida. En el Nuevo Testamento, el libro tenía que ser escrito por alguien que se había encontrado con Cristo de verdad, el que lo valida como una figura real e histórica.
2. El libro tenía que ser escrito antes de 400 a.C. (Antiguo Testamento) o antes de 100 d.C. (Nuevo Testamento).
3. El libro tenía que estar de acuerdo con la escritura e las enseñanzas existentes.
4. El libro tenía que ser reconocido y acepto por la iglesia primitiva.*

*Canos, edictos e concilios llave incluyen el Canon de Marcion (d.C.140); Canon Muratorian (d. C. 170); Edictos de Diocleciano (d.C. 302-305); Concilio de Hippo (d.C. 393); Concilio de Carthage (d.C. 397); Concilio de Trento (d.C. 1546).

Los concilios mencionados arriba fueron encuentros en los que los libros y las enseñanzas fueran intensamente evaluados, casi siempre por centenas de personas presentes. Aquellos que estaban presentes probaban la autoridad, la historia y los manuscritos de cada libro. Sabiendo que la Biblia pasó por una evaluación tan intencional nos da confianza de que lo que tenemos en manos y como llegó es simplemente un milagro.

> **PROCESO** – ¿Sabía que la Biblia tuvo un proceso extenso en su formación y aprobación? ¿Sabía que la Biblia tuvo un proceso extenso en su formación y aprobación? ¿Cómo todo eso cambia su visión sobre la Biblia?

PASANDO POR EL TEST DEL TEMPO

Eventos milagrosos en la historia reciente nos enseña que la Biblia es sobrenatural y no un libro religioso de mitos. Frecuentemente, la arquitectura excavada en el Medio Oriente revela artefactos, sitios, y ciudades enteras citadas en la Biblia. Esto confirma que las Escrituras poseen evidencia física e histórica.

En un artículo publicado en el periódico *USA Today* el 6 de septiembre de 2016, expertos se volvieron entusiasmados al encontrar un rollo de pergamino en En-Gedi (Mar Muerto) fechado del siglo 3 y conteniendo el Pentateuco: "Para el asombro de los estudiosos, el texto recién divulgado es exactamente el mismo, tanto en letra como en formato, que el texto contenido en la Torá moderna leído por muchos judíos. 'Esto fue sorprendente para nosotros', dijo el coautor del estudio Emanuel Tov de Hebrew University of Jerusalem, 'que en 2.000 años, este texto no fue en nada alterado'".

Además de la evidencia de la Biblia, lo más milagroso es como la enseñanza sigue a cambiar vidas en todo el mundo con el mensaje de amor de Dios.

PROCESO – ¿Qué ha descubierto usted sobre la Biblia en esta sesión que todavía no sabía?

¿POR QUÉ DIOS?

La charla sobre Dios, hoy, viene con un gran lío. Podemos oír que el concepto de Dios es irrelevante y desfasado. Sin embargo, Dios es la respuesta sin una pregunta en un mundo donde las personas están buscando respuestas e están hambrientas por significado. Entonces, ¿por qué Dios es un concepto importante a ser explorado? La respuesta simple es porque la existencia de Dios es posible.

Existen dos tipos de argumentos para la existencia de Dios: argumentos que no dependen de evidencia e argumentos que dependen de evidencia. Parece muy lógico, ¿no? Si Dios existe, entonces debería haber algo que nos podría garantizar que eso es verdad, pero ¿es necesario haber evidencia?

¿CONTRA O A FAVOR?

El filósofo francés René Descartes creía que la existencia de Dios no dependía de evidencia. Él concluyó que la existencia de Dios era necesaria porque podríamos concebir la realidad de algo mayor que nosotros mismos. Si no hubiese Dios, entonces el pensamiento en Él ni cruzaría nuestra mente. De acuerdo con Descartes, esto es todo lo que se necesita para confirmar la existencia de Dios.

Otros creen que necesitamos de evidencia para probar que Dios existe. Por ejemplo, Aristóteles y Tomás de Aquino creían que debería haber una causa para la existencia de las cosas. Para ellos, esta causa era Dios. El pensador de nuestros días William Lane Craig argumenta que por existir un orden y un diseño en el universo, es probable que Dios exista. El filósofo alemán Immanuel Kant pensaba que la existencia de Dios era demostrada por la presencia de la ley moral en el mundo. E Soren Kierkegaard sugirió que nuestra experiencia prueba la existencia de Dios. Todas estas grandes mentes pensaron que la existencia de Dios era posible, pero que deberíamos tener alguna evidencia para probarla.

Existen esencialmente tres argumentos en contra la existencia de Dios. Dos filósofos que condujeron el periodo del Iluminismo, John Locke e David Hume, creían que Dios no podría existir por no podemos verlo. Se eso es verdad, entonces cosas como átomos, que no podríamos ver antes de la invención de un microscopio no deben haber existido antiguamente. Jean-Paul Sartre creía que Dios no existía porque no necesitábamos de Él. Epicurus pensaba que porque el mal existía en el mundo, Dios no debería existir.

La importancia de comprender los argumentos en contra y a favor de Dios es simple. Cuando pensamos sobre un asunto verdaderamente importante como la existencia de Dios, es de grande responsabilidad pensar correctamente sobre eso.

PROCESO – ¿Cómo la comprensión de los argumentos en contra y a favor de Dios cambian el modo como piensa usted sobre esta cuestión desafiadora?

EL PROBLEMA DEL MAL

Una encuesta hecha a las personas tenía el recto de saber cuál pregunta les gustaría hacer a Dios si tuviesen esta oportunidad, y la que ha ganado con muchos puntos adelante fue: ¿Por qué existe el mal y el sufrimiento en el mundo? El problema del mal es el

argumento más común utilizado en contra la existencia de Dios, y muy legítimo. El mal es una realidad desafiadora de la existencia humana que no es fácil de ser explicada.

El filósofo humanista Paul Draper escribió, "Sabemos que mucho mal y mucho sufrimiento existe en el mundo. Los cristianos hablan de un Dios personal que es bueno, misericordioso y todopoderoso. Esto es imposible. Dios podría ser bueno, pero impotente e incapaz de parar el dolor humano. Dios podría también ser soberano y todopoderoso, pero cruel y antipático hacia la condición humana. Dios no puede, por lo tanto, ser bueno y soberano. Personalmente, yo no creo que Dios incluso existe".

Entonces, ¿es posible que haya mal presente en el mundo que exista Dios? Al abordar el problema del mal, debemos considerar las siguientes visiones en potencial:

- "Dios puede hacer todo lo que desea."
- "No sabríamos lo que es bueno sin el mal."
- "Es así que las cosas tienen que ser."
- "Todo el sufrimiento es merecido."
- "El mal es útil para producir el carácter."
- "El mal es la ausencia del bien."
- "El mal es el resultado de la libre opción del hombre."
- "El mal sirve para un resultado que no podemos ver."

PROCESO – ¿Cómo el detalle elegido para probar la existencia de Dios le desafía y le encoraja?

¿QUÉ DECIR SOBRE EL UNIVERSO?

¿Por qué el universo importa tanto sobre cómo pensamos sobre la vida? No es algo que necesariamente consideremos sobre un día específico, pero nuestro mundo está dentro de él e impacta como visualizamos a todo, incluyendo nuestras vidas individuales.

El modo como usted explica la existencia del universo es parte del modo como visualiza el mundo. Las personas intentan explicar el universo de muchas maneras. La visión cristiana del mundo lo explica por medio del diseño inteligente. Sin embargo, otro punto de vista es el *naturalismo,* que niega un Creador y afirma que todo se desarrolla a través del pasar del tiempo y de la organización de la materia. El mundo y todo que hay en él no pasa allá de un resultado del tiempo y del ocaso.

¿Puede la vida ser explicada solamente por el proceso natural, o exige un diseñador inteligente para explicar sistemas vivos?

TEORÍA DEL DISEÑO INTELIGENTE

La teoría del diseño inteligente (DI) propone que un agente inteligente actúe en la naturaleza. La visión del mundo cristiano apoya el diseño inteligente porque creemos que Dios ha creado el universo.

La teoría del diseño inteligente es legítima porque la ciencia real debe distinguir entre causas físicas e inteligentes para las cosas, (por ejemplo, la ciencia forense sirve para descubrir si algo ha sido accidental o a propósito, e la arqueología sirve para determinar si algo ha sido naturalmente formado o inteligentemente creado. El mismo es verdadero para la lingüística, la psicología, las matemáticas y otros estudios).

La teoría del diseño inteligente es importante porque ofrece perspectivas útiles para el pensamiento sobre el universo:

1. Existe un inicio para el espacio, el tempo y la materia.
2. Determinadas condiciones deben existir para siempre (tamaño de moléculas, campos gravitacionales, distancia del sol, etc.).
3. Existen grupos de partes que no funcionarán sin todas las partes (por ejemplo, piano).
4. Existen leyes morales universales que deben ser originarias de algún sitio (incesto, adulterio, violencia).
5. Nuestras mentes son más que materia.

PROCESO – ¿Cuál teoría cree usted presentar el mayor valor cuando se explica el universo y por qué: naturalismo o diseño inteligente?

¿POR QUÉ EL DISEÑO INTELIGENTE ES IMPORTANTE?

Si creemos en naturalismo, creemos que el mundo surgió aleatoriamente y, así, la vida no tiene propósito inherente o significado, y nada existe además del mundo físico. Sin una creencia en un Creador y un propósito que va más allá de nosotros, hay muy poco que nos diga qué es correcto y qué es equivocado. La creencia en la existencia de un Creador

nos da razón para la moralidad. Significa que hemos sido creados con un propósito en mente y existimos como siendo más que solamente seres físicos.

PROCESO – ¿Cómo la existencia de un Creador impacta su visión de autoridad y moralidad? ¿Este es un concepto difícil para su aceptación?

¿EXISTE UNA VERDAD ABSOLUTA?

Usted siempre ha oído que "debe encontrar su verdad" o que "su verdad es su verdad y mi verdad es mi verdad". Algunas personas argumentan que todas las religiones son la misma cosa. ¿Y la son? ¿Estamos escalando la misma montaña?

Absoluta significa perfecta y cuando la verdad es absoluta no tiene conflicto o fallas. Eso también quiere decir que algo no puede ser absolutamente verdad, ni verdad todo el tiempo. Entonces, cuando hablamos sobre religiones mundiales, para que sean todas verdaderas, deben enseñar la misma cosa, pero no ocurre así.

Por ejemplo, aquí están algunas cosas que las religiones del mundo enseñan sobre salvación:

- **Hinduismo** afirma que la salvación es encontrada a través de un ciclo de reencarnaciones en que el individuo encuentra la esencia de su naturaleza divina. El hinduismo enseña que existen cerca de 300.000 dioses.
- **Budismo** asegura que la eliminación del "deseo" lleva a la paz de mente y a la salvación absoluta. El budismo enseña que no existe dios.
- **Islamismo** enseña que la persona debe obedecer a las leyes de Dios en la esperanza que las buenas obras superarán las malas. El islamismo enseña que existe un Dios, Ala.
- **Cristianismo** enseña que la salvación viene por la fe en el sacrificio de Jesús en la cruz por nuestros pecados, providenciando gracia inmerecida de Dios. El cristianismo enseña que existe un Dios trino.

PROCESO – ¿La descripción de la verdad absoluta arriba resuena con lo que cree usted o crea una tensión?

¿QUIÉN ESTÁ CORRECTO?

Descubrir donde la verdad es encontrada puede ser muy desafiador, pero es un esfuerzo importante. Encontrar la verdad es más fácil si aprendemos como pensar sobre ella. La lógica puede ayudarnos muchísimo.

Existen tres leyes básicas de la lógica:

1. La ley de la identidad (algo es él mismo y no otra cosa)
2. La ley del medio excluido (algo no puede existir parcialmente)
3. La ley de la no contradicción (algo no puede existir y no existe al mismo tiempo)

Aplique estas leyes a las afirmaciones de las mayores religiones del mundo, es imposible que todas las religiones estén correctas ya que ellas hacen afirmaciones incompatibles:

- **Hindu Vedas:** *"La verdad es una, mas los sabios hablan sobre ella de formas diferentes."*
- **Buda:** *"Mi enseñanza apunta el camino para la obtención de la verdad."*
- **Muhammad:** *"La verdade me há sido revelada."*
- **Jesús:** *"Yo soy la verdad."* (João 14.6).

Ni todas estas afirmaciones pueden estar correctas porque ellas contradicen una a las otras. No se puede haber una y varias verdades al mismo tiempo.

JESÚS

Jesús difiere a sí propio de los líderes religiosos afirmando que no solo conoce la verdad o indica el camino hasta la verdad, mas realmente personifica la verdad. Él sigue diciendo explícitamente que nadie viene a Dios sino por Él. Entonces, el centro de la fe cristiana es Jesús. Si sacamos fuera a Jesús, no existe Cristianismo. Si confiamos en la Biblia, Jesús es la verdad, entonces ninguna otra religión puede ser la verdadera.

"Yo soy el camino, y la verdad, y la vida: nadie viene al Padre, sino por mí." (Juan 14.6).

"Y en ningún otro hay salud; porque no hay otro nombre debajo del cielo, dado a los hombres, en que podamos ser salvos." (Hechos 4.12).

PROCESO – ¿Cómo las leyes de la lógica ayudan a usted sobre las verdades afirmadas por Jesús y sobre la realidad de la fe cristiana?

¿POR QUÉ LOS HUMANOS SON VALIOSOS?

Como humanos, o somos un accidente o somos creados con un propósito. No hay medio termo. Es imposible argumentar que los seres humanos sean accidentales y todavía tengan un propósito sin valor determinado. Tome como ejemplo un billete de un dólar. La razón de este billete ser llamado de un dólar es porque ella posee un valor específico que desempeña una función directamente conectada a su valor.

Como seres humanos, ¿de dónde viene nuestro valor?

"Y dijo Dios: Hagamos al hombre a nuestra imagen, conforme a nuestra semejanza; y señoree en los peces de la mar, y en las aves de los cielos, y en las bestias, y en toda la tierra, y en todo animal que anda arrastrando sobre la tierra. Y creó Dios al hombre a su imagen, a imagen de Dios lo creó; varón y hembra los creó."

–Génesis 1.26-27

¿Sabía que usted fue hecho a imagen de Dios? ¿Hecho para reflejar cada aspecto del rico relacionamiento que comparten el Padre, el Hijo y el Espírito Santo? Ser hecho a imagen de Dios no es solamente algo a ser apreciado, pero viene con responsabilidad.

Infelizmente, la caída del hombre (Génesis 3) corrompió la reflexión de Dios en nosotros. Aunque la imagen de Dios haya sido mancillada por la caída, no fue perdida.

VIVIR UNA VIDA DE VALOR

Cuando usted comprende el valor de ser hecho a imagen de Dios, la vida gana un nuevo significado. La vida no es más un accidente para el cual usted intenta encontrar un sentido. Al contrario, la vida se queda una rica jornada con significado y cumplimiento mientras vive el propósito que Dios ha diseñado para usted.

Vivir a imagen de Dios nos trae, primero de todo, una gran responsabilidad (Génesis 2.15) como aquellos que se importan con Su crianza. También significa que no estamos solos. Relacionamientos son una de las principales maneras que LO probamos cuando nos conectamos unos a los otros a través de Su imagen en nosotros (Génesis 2.18). El relacionamiento es donde vemos las calidades del Dios revelado (Génesis 1.26) y eso es un tremendo aliento para nuestras vidas. (Génesis 1.28)

PROCESO – Mientras piensa en la descripción de vivir la vida cargando la imagen de Dios, escriba cómo eso impacta su vida.

CARGAR LA IMAGEN DE DIOS COMO UNA COMUNIDAD

Aunque la imagen de Dios en nosotros haya sido corrompida, ella ha sido restaurada diariamente hasta que estemos completamente conformados a imagen en gloria (Colosenses 3.9-10; Romanos 12.2). Esto nos trae esperanza y nos encoraja en nuestro vivir diario mientras trabajamos para que nos volvamos más cercanos a la imagen de Cristo. Como resultado, podemos ahora vivir juntos en una comunidad donde la imagen de Dios es completamente reconocida (Génesis 1.26-27).

Dios nos hizo a su imagen para separarnos de todas las otras creaturas a fin de que podamos tener un relacionamiento con Él y unos con los otros (Génesis 1.28), e eso es lo que nos permite tener una autoimagen saludable (Génesis 1.31; 1 Corintios 11.7).

Ella nos da un profundo sentido de significado para vivir a imagen de Dios del modo como hemos sido creados (Génesis 2.15) como hombres y mujeres ejercen los papeles que Dios les creó (Génesis 5.1-2). Vivir a imagen de Dios da dignidad a toda la vida humana. (Génesis 9.6; Santiago 3.9).

PROCESO – Desde su perspectiva, ¿cómo puede la descripción arriba sobre la comunidad que refleja la imagen de Dios puede transformar nuestro mundo en un sitio mejor?

¿ES USTED UNA BUENA PERSONA?

Cuando hablamos sobre ética, estamos hablando sobre acciones morales. Interpretar la ética de una acción moral envuelve examinar la intención, el motivo y los medios de quien quiere que sea que está desempeñando la acción.

Entonces, ¿cómo sabemos si algo está correcto o equivocado?

Existen tres principales visiones sobre acciones morales. La primera es que existe la creencia de que algunas cosas son verdaderas si alguien cree o no, y estas verdades pueden ser aplicadas a todas las personas y circunstancias. Después viene la creencia de que todo individuo debe actuar de acuerdo con el código moral de la sociedad. Algunas personas llaman a eso de un contrato social o un patrón socialmente combinado. Y por último, está la creencia de que la verdad moral no existe.

Moralidad es importante porque afecta todo el modo como vemos las otras personas y como vivimos entre todos. Si no existe un algo correcto o equivocado definido, ¿cómo podemos saber qué es realmente bueno?

LOS PROBLEMAS CON EL RELATIVISMO MORAL

El relativismo moral es simplemente la creencia de que cada persona puede determinar, por si propia, qué es correcto y equivocado.

El argumento más fuerte en contra del relativismo moral es si el código moral social está correcto, entonces nunca hay justificativa para reforma moral. Usted puede imaginar cómo eso puede volverse un problema ya que existen culturas donde la esclavitud es acepta. ¿Cómo todos se pondrían en contra la esclavitud si el código siempre es visto como correcto? De la misma forma, si el relativismo individual es verdadero, entonces nadie puede crecer moralmente o mejorar su comportamiento o sus creencias morales.

PROCESO – Describa cómo usted ve el relativismo moral encorajado por nuestra sociedad. En su punto de vista, ¿cuáles problemas este concepto ha causado?

CUANDO LA SOCIEDAD DESTRUYE A SÍ MISMA

La verdad moral y la ley moral existen porque ellas vienen de Dios. Eso nos da un mayor poder para aquello sobre el cual somos responsables. Sin eso, no habría verdad objetiva. Hoy, existe un movimiento intelectual llamado deconstruccionismo que busca deshacer este concepto importante.

Jacques Derrida, el intelectual francés, es conocido como el "Padre del Deconstruccionismo". El deconstruccionismo es la visión de que los significados de las palabras son completamente arbitrarios y la realidad es esencialmente desconocida, entonces nada puede ser realmente verdad.

Roger Kimball ha escrito: "Desconstrucción promete a sus miembros no solamente emancipación de las responsabilidades de la verdad, sino el prospecto de envolverse en un tipo de activismo radical. Un soplo en contra la legitimidad del lenguaje es al mismo tiempo un soplo en contra la legitimidad de la tradición de que el lenguaje vive y tiene su significado. Cuando se menosprecia la idea de la verdad, el deconstructivista

también menosprecia la idea de valor, incluyendo los valores sociales y morales establecidos".[15] Él quiere decir que el deconstruccionismo de Derrida compromete fundamentalmente cualquier afirmación de verdad absoluta.

De acuerdo con las Escrituras, la verdad moral importa y existen cosas en las que debemos creer y las que debemos realizar.

"Dios es espíritu; y los que le adoran deben adorarle en espíritu y en verdad" (Juan 4.24).

PROCESO – Haga una lista de algunos de los riesgos que usted encuentra al creer que las palabras pueden ser cambiadas para significar cualquier cosa que una persona quiere.

¿QUÉ ES CONOCIMIENTO?

El conocimiento es definido como "un registro de hechos, verdades o principios, originados de un estudio o investigación". Es importante comprender que el conocimiento no es el mismo que información. Conocimiento es adquirido gastando tiempo con información y conociendo como las partes se conectan de una forma significativa.

El conocimiento es importante porque nos ayuda a interpretar el mundo. Sin el conocimiento, no seríamos capaces de identificar si algo es verdad o no.

¿Cómo sabemos que sabemos? El estudio de cómo las cosas pueden ser conocidas se llama epistemología, que es una rama de la filosofía que estudia la naturaleza del conocimiento.

Abajo está la historia de la epistemología que demuestra algunos cambios importantes a lo largo del tiempo:

1. Era Premoderna (<1650): "No existe verdad divina y sabemos de eso."
2. Era Moderna (1650-1950): "No existe verdad divina y podemos saber de eso."
3. Era Posmoderna (>1950): "No existe verdad divina y no podemos saber de eso."

Nuestra cultura es influenciada por el pensamiento posmoderno. La era posmoderna ha buscado eliminar la habilidad del conocimiento divino o sobrenatural de existir. Es importante comprender como el posmodernismo influencia el pensamiento contemporáneo para que usted pueda identificar asuntos en nuestra cultura que se originan de esta filosofía.

LOS PELIGROS DEL POSMODERNISMO

El posmodernismo es un movimiento filosófico distante de la creencia en la verdad y en la existencia de Dios. Los posmodernistas creen que no podemos conocer las cosas como realmente son, pero solamente como ellas se parecen para nosotros. Prácticamente, eso lleva a una creencia de que la religión o la teología es completamente una "construcción social".

El posmodernismo busca remover el significado de las palabras e del lenguaje para que nada pueda ser consistentemente definido. Si no podemos estar seguros de que las palabras significan, entonces ¿cómo podemos saber verdaderamente algo? Este es el único blanco del posmodernismo, el que puede llevar a otros problemas, porque, sin una verdad objetiva, no existe verdad moral. Si no existe significado inherente, las personas no tienen propósito.

PROCESO – ¿Cómo usted ve los efectos del posmodernismo en nuestra cultura? ¿Cuáles los futuros problemas que cree usted pueden surgir por motivo de esta filosofía?

UNA RESPUESTA CRISTIANA AL POSMODERNISMO

¿Es posible estar confiado sobre algo sin estar seguro? ¿Por ejemplo, usted está confiado de que mañana se despertará? ¿Es probable que ocurra con la mayor parte, pero

usted puede estar el 100% seguro sobre eso? No. Sin embargo, no tiene que estar seguro de que eso ocurrirá para estar confiado de que ocurrirá.

La respuesta del Cristianismo al posmodernismo es promover este tipo de perspectiva. Podemos permanecer en la fundación de que ha sido verdadero en el pasado y el que funciona incluso si no existe una seguridad absoluta. En otras palabras, no tenemos que estar seguros sobre algo para creer en este algo (Hebreo 11.1, 6). El grande pensador cristiano Martín Lutero dice: "La fe es una confianza viva e inquebrantable, una creencia en la gracia de Dios tan segura que un hombre moriría millares de veces por ella".[16]

PROCESO – ¿Cómo usted está confiado en la existencia de Dios sin estar seguro de ella? ¿Este es un concepto desafiador o fácil para su aceptación?

CULTURA Y PROPÓSITO

Encontrar un sentido más profundo del significado es un foco central hoy para muchas personas. Sin embargo, como encontramos una mayor profundidad del significado en la vida está directamente relacionado con el modo como interactuamos con la cultura.

La cultura está al nuestro alrededor. Sin embargo, a veces, puede ser difícil comprender los efectos de la cultura mientras ella crece y cambia. Una simple definición de cultura es la calidad en una persona o sociedad que, originada de una preocupación por lo que es excelente en artes, letras, maneras, actividades eruditas y valores.

Existen dos maneras de interactuar con la cultura: sea a través de nuestras sensaciones o de las ideas.

Aquellos que creen que alguien puede interactuar con la cultura solamente por medio de las sensaciones creen que sus propias experiencias y observaciones son las únicas cosas valiosas. Estos tipos de culturas no duran porque no son aptas a contestar las cuestiones más fundamentales de la vida: ¿Existe Dios? ¿Existe vida después de la muerte? ¿Existe un propósito en la vida? Tales culturas aceptan solamente lo que es visible y científico. Como resultado, cosas no vistas no poseen valor.

Cerca de 1930, la cultura americana separo la fe y la razón para volverse en una cultura guiada por sensaciones, y la consecuencia de vivir en esta cultura es que la vida queda sin sentido y fútil. En otras palabras, no existe significado o propósito.

Interactuar con la cultura a través de ideas presenta un punto de vista completamente diferente. Este tipo de cultura encuentra valor en todas las cosas no solo porque pueden ser observadas o usadas. Hay un correcto y un equivocado, no solamente bueno o malo, eso resulta en la profundidad y en el significado.

CÓMO FUNCIONA EL PROPÓSITO

Cuando hablamos sobre propósito, estamos hablando sobre la dirección que nuestras acciones están tomando y por qué. Debemos considerar la dirección de nuestras acciones, cómo y por qué vemos las cosas del modo que vemos. En las culturas basadas en las sensaciones, no existe dirección, entonces no existe propósito en nada. Culturas basadas en sensaciones valorizan solamente lo que sirve para algún tipo de finalidad. Cosas no son valiosas simplemente porque existen.

En culturas guiadas por ideas, todo tiene un propósito y valor, y así requiere de nosotros pensar sobre cómo interactuamos con todas las cosas en nuestro alrededor. Y, por último, el propósito está conectada a lo que es bueno.

Actualmente, existen tres conceptos equivocados para determinar si algo es bueno. Primero es el hedonismo, la idea de que si algo genera placer, entonces es bueno. Segundo es el pluralismo, que afirma que existen muchas formas de comprender lo que es bueno. Y tercero es el racionalismo, la creencia de que solamente la razón puede decirnos qué es bueno.

PROCESO – ¿Cuáles de estos tres conceptos equivocados usted ve con mayor influencia en nuestra cultura?

SIGNIFICADO

3.9

CULTURA CON PROPÓSITO PRODUCE SIGNIFICADO

Cuando interactuamos con cultura por medio de ideas, nos quedamos abiertos para encontrar significado más que solamente usar cosas al nuestro alrededor para nuestro proprio placer. La vida toma el camino del correcto. En otras palabras, algo puede ser hecho para un propósito mayor que servir a nosotros mismos.

Los cristianos, por lo tanto, creen que los fines no justifican los medios porque las personas, las acciones y las causas poseen valor intrínseco. Hay propósito y significado para todo.

PROCESO – ¿Cómo usted necesita cambiar el modo como interactúa con cultura para encontrar un sentido más profundo del significado?

¿QUÉ ES SEXUALIDAD?

Sexualidad es mucho más que sexo, se refiere a toda nuestra identidad como seres humanos.

En un tratado sobre sexualidad, la Iglesia Luterana Americana afirmó que: "La sexualidad humana incluye todo lo que somos como seres humanos. Sexualidad, en su esencia, es biológica, psicológica, cultural, social y espiritual. Ser una persona es ser un ser sexual."[17]

El teólogo de los días actuales Stanley Grenz ha escrito: "Sexualidad se refiere a nuestra existencia fundamental como masculinos o femeninos."[18]

La Biblia resume la crianza diciéndonos que Dios ha hecho los humanos macho y hembra. Las Escrituras también implican que ambos los sexos son tan diferentes que se complementan. Por lo tanto, nuestra sexualidad afecta prácticamente todas las nuestras interacciones sociales y relacionamientos.

LA FUNDACIÓN DE LA NUESTRA SEXUALIDAD

Nuestra sexualidad como humanos está basada en el ejemplo del Dios Trino. Los tres miembros de la Trinidad existen en armonía y comunión un con el otro. Por lo tanto, estamos reflejando la imagen de Dios cuando estamos en relacionamiento con otros. Por causa de esta conexión, la sexualidad humana es para el propósito de crear intimidad. Separar sexualidad de la verdadera intimidad es una distorsión del modelo de Dios.

Por el hecho del sexo ser una expresión poderosa de nuestra sexualidad, las Escrituras ponen un alto valor e importancia en la fidelidad sexual. Al mismo tiempo, las Escrituras condenan fuertemente todas las formas de infidelidad sexual. La Biblia claramente afirma que el pecado sexual es diferente de cualquier otro acto físico porque crea, solo, una unión mística y permanente entre dos personas.

PROCESO – Con sus palabras, escriba sobre la razón de usted creer la fidelidad sexual sea importante en un relacionamiento.

SEXUALIDAD, MATRIMONIO Y SOLTERÍA

C.S Lewis dijo: "La verdad es que siempre que un hombre se acuesta con una mujer, si tienen afecto o no, allí hay una relación transcendental que es establecida entre ellos, lo que debe ser eternamente disfrutado o eternamente duradera". Por esta razón, las Escrituras restringen la intimidad sexual al matrimonio de toda la vida de un hombre y una mujer.

En Génesis, Dios creó dos seres humanos sexualmente distintos, con el intuito de procrear, y diseñados literalmente para que quedasen juntos y se volviesen un. Dios quiere que la unión sea un relacionamiento permanente (Mateo 19.4-6), exclusivo y monógamo (Hebreo 13.4). Eso significa que toda actividad sexual fuera de la unión matrimonial es inmoral a los ojos de Dios (1 Corintios 6.16-18).

El otro modelo bíblico de sexualidad es la soltería (1 Corintios 7.32-35). Jesús, Pablo, y muchos otros de las Escrituras vivieron sus vidas dedicadas a Dios y permanecieron solteros. Es importante saber que el matrimonio no es el único modo de honrar a Dios con nuestra sexualidad.

PROCESO - Interactúe abajo con sus propias visiones sobre sexualidad y con lo que fue mencionado arriba. ¿Por qué cree usted ser importante que el modelo de Dios sea demostrado a través de nuestra sexualidad?

DIMENSIÓN CUATRO

FUERZA
Vocacional

Amar a Dios con toda su fuerza significa que usted está aprendiendo y creciendo sobre cómo poner su modelo único en acción. Esta sección le ayudará a comprender sus fuerzas y a encontrar caminos para mejorarlas.

EMOCIONAL

CORAZÓN – Proceso emocional

Amar a Dios con su corazón significa que está aprendiendo y creciendo sobre cómo tener una vida emocional saludable.

RELACIONAL

ALMA – Proceso relacional

Amar a Dios con su alma significa que usted está aprendiendo y creciendo sobre cómo tener relaciones saludables.

MENTE – Proceso Intelectual

Amar a Dios con su mente significa que usted está aprendiendo y creciendo en conocimiento, como pensar de verdad sobre su vida.

FUERZA – Usando su influencia

Amar a Deus con su fuerza significa que usted está aprendiendo y creciendo sobre cómo colocar su crianza única en acción.

INTELECTUAL

VOCACIONAL

¿QUÉ ES AUTOIMAGEN?

Su autoimagen es la visión o el valor que usted tiene sobre sí mismo.

La razón de tener un autoimagen saludable es tan importante porque es una expresión de como comprendemos quién somos y para que hemos sido creado. Sin embargo, hoy, existe mucha confusión en el mundo al nuestro alrededor que puede dificultar lo que creemos sobre nosotros.

El profesor cristiano del Boston College y filósofo Peter Kreeft ha escrito: "Existe una profunda tristeza espiritual en el corazón de la civilización moderna porque es la primera civilización en toda la historia que no sabe quién es o por qué es, que no consigue contestar a las tres grandes cuestiones: ¿De dónde he venido? ¿Por qué estoy aquí? ¿E adónde voy? Esta es la cosa más terrible de todas para nosotros porque nuestra principal necesidad es negada, nuestra necesidad de significado."[19]

Esta es una perspectiva muy importante – nuestra necesidad de ver a nosotros mismos como valiosos y nuestra necesidad de reconocer nuestra habilidad de contribuir con algo significativo para esta vida. Sin embargo, para que tengamos un autoimagen saludable y fuerte, debemos comprender como ella está directamente conectada con nuestra identidad y nuestro propósito.

IDENTIDAD, PROPÓSITO Y AUTOIMAGEN

La identidad puede ser resumida como personaje o calidades que hacen de alguien o algo lo que es.

Debemos llevar el concepto de identidad en serio porque si algo no puede ser identificado, pierde todo su valor. Y por eso es importante que tengamos un sentido claro de identidad, porque lo que forma nuestra identidad contribuye directamente con nuestro sentido de valor.

Por un lado, su identidad es una historia. Ella combina el sitio de donde vino usted con lo que tiene bueno o con lo que o quien influenció a usted. Comprender estos puntos sobre identidad nos da pistas de dónde podemos encontrar un sentido profundo de significado y propósito.

La búsqueda por significado es un asunto primordial en nuestro mundo de hoy. Entonces, ¿adónde vamos para encontrarlo? ¿Disney? ¿Dinero? ¿Éxito? ¿Fama? Muchos intentaron esas y otras cosas en un esfuerzo para encontrar su lugar en el mundo, pero existe solamente una solución, Dios.

Simplemente porque somos la imagen de Dios ya tenemos un gran propósito.

PROCESO – ¿Dónde ha intentado usted encontrar el significado y el propósito en la vida sin ser en Dios?

DIGNIDAD E IGUALDAD

Tenemos valor y dignidad porque somos hechos a imagen de Dios (Génesis 1.26-27). El lenguaje antiguo de los hebreos nos hace saber que ser hecho a imagen de Dios significa que somos una representación directa de la naturaleza que el Padre, el Hijo y

el Espírito Santo comparten. No podemos encontrar un más profundo sentido de significado que este.

C.S. Lewis dice que "No existen personas comunes. Usted nunca consiguió conversar con un simple mortal."[20]

John Jefferson Davis ha escrito: "La crianza de Dios es inmensa, pero el hombre, como corona de la crianza, tiene una dignidad y grandeza que supera a del cosmos."[21]

Lewis y Davis nos ayudan a ver que cada humano tiene un valor porque la imagen de Dios en cada persona le da valor. Como resultado, debemos percibir que tratar a nosotros mismos y a otros con dignidad es muy importante. También nos ayuda a ver que la igualdad está directamente relacionada con la dignidad.

Si no tenemos un sentido claro de cómo somos valiosos, es difícil ver este mismo valor en los otros. Tener una fuerte autoimagen que viene de la identidad y del propósito dados por Dios influencia definitivamente como vemos los otros y el restante del mundo.

PROCESO – ¿Cómo las perspectivas de Lewis y Davis influencian su visión sobre dignidad e igualdad?

EL MODO COMO PENSAMOS IMPORTA

Dios concede a cada uno de nosotros fuerzas y flaquezas. El modo como piensa sobre sus flaquezas hace una gran diferencia. Puede ser fácil percibir como otras personas son mejores que usted en una u otra area, o focar en las cosas que usted no tiene mucha habilidad. Sin embargo, este tipo de pensamiento no es productivo y puede perjudicarlo a largo longo plazo.

De acuerdo con la neuropsicóloga cristiana Dr. Caroline Leaf, la investigación demuestra en gran escala que podemos cambiar la forma de nuestro ADN con nuestros pensamientos. La investigación científica revela que entre el 87-9% de toda enfermedad mental y física está conectada con el pensamiento.

El mensaje que nos pasa es que importa mucho la forma como pensamos, y como no pensamos también importa. Ralph Waldo Emerson dijo que "la vida consiste en aquello que un hombre está pensando todo el día".

El escritor James Allen habla de la siguiente forma: "Hoy usted está donde sus pensamientos te llevan. Mañana usted estará dónde los pensamientos te llevarán".

"Por último, hermanos, consideren bien todo lo verdadero, todo lo respetable, todo lo justo, todo lo puro, todo lo amable, todo lo digno de admiración, en fin, todo lo que sea excelente o merezca elogio" (Filipenses 4.8).

El modo como pensamos sobre la vida importa y, además, frecuentemente enfatizamos y focamos en las cosas equivocadas, en vez de focar en nuestras fuerzas. Las Escrituras nos dicen que: "como piensa em su interior, así es él" (Proverbios 23.7).

PROCESO – Escriba un pensamiento en su vida sobre el cual le gustaría de parar de focar. ¿Cuáles serían los beneficios?

FOCO EN SUS FUERZAS

Cuando focamos en nuestras debilidades, malgastamos tiempo, energía y recursos para reforzar calidades que nunca serán fuerzas— mientras podríamos invertir y maximizar lo que hacemos bien.

Líderes siempre están esforzándose para crecer, desarrollar y optimizar sus habilidades. El versículo de Isaias 54.2 encoraja esta meditación cuando dice: "Ensancha el espacio de tu carpa, y despliega las cortinas de tu morada. ¡No te limites! Alarga tus cuerdas y refuerza tus estacas".

Dr. John Townsend recomienda usar un "Sistema de postura abierto" siempre estando abierto a aprender, forjar nuevos y más profundos relacionamientos y buscar nuevas oportunidades de crecimiento.

PROCESO – ¿Cuáles son sus fuerzas? ¿Cómo puede nivelarlas?

DESCUBRIENDO SUS FUERZAS

Si tiene usted dificultad en identificar sus fuerzas, existen varios pasos que le ayudarán. Intente hacer una evaluación y una relación de fuerzas, como, por ejemplo, StrengthsFinder.

Si desea usted una orientación personalizada, encuentre un coach que pueda ayudarlo a crear un plan. Busque por medios para nivelar sus fuerzas y definir objetivos que aumentarán su capacidad.

PROCESO – ¿Cuáles recomendaciones arriba le ayudarán mucho a nivelar sua fuerzas? ¿Cuándo pretiende hacer eso?

¿POR QUÉ DEFINIR OBJETIVOS?

"Al buscar lo que parece ser imposible, frecuentemente realizamos el imposible. Y incluso cuando no paramos de hacerlo, inevitablemente acabamos realizando mucho mejor habríamos hecho."

—Jack Welch

Durante años, Dupont tuvo un objetivo de "cero accidentes," y aunque nunca haya alcanzado este objetivo, la tasa de accidente disminuyó y quedó significativamente menor que otras empresas. Cuando el Presidente Kennedy definió un objetivo en los años de 1960 de alcanzar la luna, la tecnología no existía para hacer eso. Sin objetivos, que es lo que nos mueve, nunca alcanzaremos nuestra capacidad o nunca seremos el nuestro mejor.

Zig Ziglar dice algo que quedó marcado: "Si desea nada, conseguirá alcanzarlo fácilmente".

Definir objetivo es desear… desear un blanco que está lejos y aparentemente fuera de alcance.

Por medio del proceso de alcanzar sus objetivos, aprenderá cosas sobre sí mismo y empezará a comprender a sí mismo en niveles más profundos. Usted refinará y expandirá sus prioridades descubriendo lo que es importante para usted. Se identificará su futuro preferencial, y cuando aprenda a definir y a alcanzar sus objetivos, será capaz de aliñar la trayectoria de su vida para alcanzar el futuro que desea.

PROCESO – ¿Usted es un definidor de objetivos? ¿Por qué sí o por qué no?

CÓMO DEFINIR UN OBJETIVO

Todo el mundo interactúa con objetivos diferentemente y no existe "un modelo para todos". Entonces debe usted usar el tiempo explorando diferentes formas de definir objetivos para encontrar lo que le funciona mejor. Para iniciar, es importante definir objetivos SMART (palabra que significa inteligente en inglés y su acrónimo abajo):

Specific (Específico) – ¿Qué precisamente espera usted alcanzar?

Measurable (Mensurable) – ¿Cómo sabe usted cuando lo alcanzó?

Attainable (Alcanzable) – ¿Usted es realmente capaz de alcanzar este objetivo?

Relevant (Relevante) – ¿Cómo este objetivo le ayuda a alcanzar el objetivo que desea?

Timely (Oportuno) – ¿Existe una caducidad para lo que desea alcanzar?

PROCESO – Piense sobre algo que le gustaría alcanzar en un futuro próximo y practique la escrita de un objetivo SMART.

DEFINIR OBJETIVOS DE EXTENSIÓN

Un objetivo de extensión es mayor que un objetivo mediano. No es fácil o rápidamente alcanzable, y siempre requiere un planeamiento y dedicación diligentes. Se espera que

ese proceso o lleve más allá de que en realidad puede usted ir, y donde nunca consigue llegar solo.

Sin embargo, cuando usted realiza un objetivo de extensión, el crecimiento ocurre y su capacidad es profunda. Existe una real y duradera satisfacción al definir y alcanzar objetivos de extensión.

Entonces, ¿cómo hace eso?

1. Piense sobre algo que desea y espera alcanzar, personal o profesionalmente, dentro del próximo año (se limite a tres objetivos de extensión).
2. Escríbalo en una única frase.
3. En una escala de 1 a 10, atribuya un número para representar en qué etapa se encuentra usted para alcanzar este objetivo.
4. Crie un plan para alcanzar los objetivos con pasos de acción.
5. Rastree su progreso semanal o mensualmente.

PROCESO – ¿Cuáles son las dos personas de su vida que ayudarían en el aliento para alcanzar sus objetivos?

LA IMPORTANCIA DE LAS NECESIDADES

Existen diferentes tipos de necesidades humanas.

Por ejemplo, toda persona necesita de alimento, agua y oxígeno para sobrevivir – estas son llamadas necesidades físicas. Sin embargo, nosotros también tenemos necesidades que pueden solamente ser atendidas si estamos en una relación con otras personas. Las necesidades relacionales nos ayudan a sentirnos seguros y cuidados por otros, pero frecuentemente no admitimos tener esas necesidades.

¿Por qué es tan difícil pensar sobre nuestras propias necesidades? ¿Y por qué es todavía más difícil pedir por ellas?

Algunos creen que pedir por aquello que necesitamos en el área relacional es demostrar un poco de debilidad. Sin embargo, pedir por aquello que necesitamos de los otros es saludable y necesario.

Somos responsables en atender nuestras propias necesidades. Aunque nos gustaría mucho que otras personas supiesen de qué necesitamos y nos ayudasen a conseguir, es irreal esperar que eso ocurra.

ATENDIENDO SUS NECESIDADES

Por el hecho de que otras personas no sean responsables por sus necesidades, usted debe asumir la responsabilidad por sí mismo.

Siendo este el caso, hay dos pasos que deben ser seguidos para atender las necesidades:

Identificar la necesidad ("Yo necesito de . . . ")

Identificar lo que necesita puede ser desafiador simplemente porque frecuentemente no sabemos como comunicar nuestras necesidades. Entonces, el lenguaje de nuestras necesidades es increíblemente útil.

Un modo de empezar a acercar el lenguaje para lo que necesita completar la frase "Yo necesito…". Aquí están algunos ejemplos:

- "Yo necesito ser oído."
- "Yo necesito ser alentado."
- "Yo necesito de feedback."
- "Yo necesito de perspectiva."

Después de aprender como describir qué necesita, queda mucho más fácil pedir para alguien realizar eso para usted.

PROCESO – ¿Cuáles necesidades tiene usted y que puede identificar? Identifique dos o tres:

1. _____ 2. _____ 3. _____

Pedir por la necesidad ("Yo necesito que usted . . . ")

Identificar nuestras necesidades es solamente la mitad de desafío. Reunir coraje para pedir que otros le ayuden es la otra mitad. Nuestras necesidades nunca serán atendidas se no pedimos.

¿CÓMO PIDE USTED?

- Identifique su necesidad.
- Pida por aquello que necesita.
- Acepte la ayuda.
- Procese el bien.

No deberíamos hesitar en pedir para que los otros nos ayudasen porque hemos sido creados y planeados por Dios para atender las necesidades unos de los otros.

En el Nuevo Testamento, existen 59 frases con la expresión "unos a los otros", entonces eso sugiere que atender las necesidades unos de los otros es la principal actividad de la iglesia.

PROCESO – ¿En quién confía usted y qué puede ayudarlo con sus necesidades listadas arriba?

LA IMPORTANCIA DE VALORES

¿Cuáles son sus valores? ¿Cuáles son los principios guías o las convicciones centrales de su vida?

Todo el mundo tiene un conjunto de valores centrales, incluso siendo capaces de articularlos o no. Lo que hace esos valores "centrales" es lo importante y central que son para usted. El diccionario define valores centrales como "creencias fundamentales de una persona u organización".

Los valores centrales son vitales porque soportan su visión, moldean su identidad y le ayudan a soportar el momento.

CÓMO CREAR SUS VALORES CENTRALES

Este ejercicio le ayudará a crear una lista de valores centrales para sí o para un equipo.

1. Haga un levantamiento de ideas con las siguientes preguntas de sondaje para sí mismo:

    A. ¿En qué soy mejor?

    B. ¿Sobre qué más me importo?

    C. ¿Qué impacto quiero causar?

    D. ¿Con cuáles cosas no me comprometeré?

    E. ¿Cómo quiero ser conocido?

2. Escriba lo que viene a su mente en palabras simples o frases cortas.

3. Organice, priorice, y estreche su lista de los mejores.

4. Verifique su lista con consejeros confiables para feedback. Si usted haya creado valores centrales para un equipo, consulte los miembros del equipo.

PROCESO – ¿Por qué cree usted que tener valores centrales claros es importante para individuos y para equipos?

MOLDEANDO UNA CULTURA SALUDABLE

Peter Drucker hizo una declaración que se quedó conocida: "La cultura come estrategia de desayuno".

La razón por la que los valores centrales son tan importantes es que ellos moldean la *cultura.*

No podemos exagerar la importancia de construir una cultura saludable en todas las dimensiones de la vida. El proceso de estructuración de carácter que usted está aprendiendo en el libro *Cuatro Dimensiones de la Salud Humana* fue desarrollado para este propósito específico.

De acuerdo con Dr. John Townsend, los valores centrales son las "vísceras" de cada persona y organización, y son el impulso de todo que hacemos.[22]

Para crear y soportar una cultura deseable, debemos integrar nuestros valores centrales en la vida. Cuanto más vemos y pensamos sobre ellos, más rápido empezamos a influenciar

nuestra vida en todas las dimensiones. Nuestra recomendación es registrar sus valores centrales, **ensáyalos regularmente** y **déjalos a muestra** en un sitio en que visualmente capturen su atención.

¡Sea creativo!

PROCESO – Haga un levantamiento de cómo usted puede exponer sus valores centrales para que los vea siempre.

¿QUÉ ES RESPONSABILIDAD?

"Madurez no viene con la edad, pero con aceptación de la responsabilidad."

–Ed Cole

¿Qué es responsabilidad? ¿Y cómo la conquistamos?

La palabra responsabilidad viene de la raíz latina **responsus,** que significa responder. Entonces, responsable tiene que ver con responder o ser responsivo. . . pero ¿en relación a qué?

Responsabilidad está directamente relacionada con el modo como gestionamos las demandas que son colocadas en nuestras vidas. Somos responsables por las demandas de la vida cuando las consideramos y somos capaces de asumirlas. Si descubrimos que no somos capaces de asumirlas, entonces la responsabilidad se vuelve una oportunidad de crecimiento.

Responsabilidad es conquistada, no merecida. En otras palabras, ¡no recebemos responsabilidad sin primero realizar algo para probarnos!

La realidad de la vida es que usted es responsable por varias cosas. La pregunta es si usted se importa o no con eso.

PROCESO – ¿Cómo usted ha aprendido qué es responsabilidad hasta aquí? ¿Existen algunas áreas donde usted siente la necesidad de asumir más responsabilidad?

ACEPTAR Y ASUMIR RESPONSABILIDAD

"Aceptar" responsabilidad y "asumir" responsabilidad son dos cosas diferentes.

Aceptar responsabilidad es pasivo, mientras que asumir responsabilidad es proactivo, eso significa no esperar por la responsabilidad hasta que venga, sino ir hacia ella y asumirla.

Responsabilidad tiene que ver con tres cosas:

1. Autonomía – la capacidad de actuar de forma independiente y tomar decisiones
2. Prestación de cuentas – la capacidad de recibir evaluación y aceptar la culpa
3. Autoridad – la capacidad de atender las obligaciones y cumplir deberes

PROCESO – ¿Qué las siguientes pasajes nos enseñan sobre responsabilidad? Génesis 3.8-13; Hechos 8.32-33; Santiago 1.12-15.

RESPONSABILIDAD DE SEGUNDO NIVEL

"Responsabilidad de segundo nivel" es sobre asumir más responsabilidad, no solo para sí mismo, pero también para otros (por ejemplo, técnicos, generales, pastores, jefes, profesores, padres, y otras funciones de liderazgo). Muestra que tenemos la habilidad de cargar el peso de que está siendo pedido de nosotros. Agustín dijo que "Dios fornece el viento, pero el hombre debe levantar las velas".

Para salir del nivel uno e ir para el nivel dos, usted puede volverse más responsable tomando más inciativa, volviéndose más decisivo, pidiendo más responsabilidad, asumiendo más riesgos, y aceptando más desafíos.

Estar apto para asumir más responsabilidad es un tremendo ventaja, pero puede ser también un desventaja. Debemos evaluar nuestra capacidad para que la responsabilidad que asumimos no nos haga comprometer otras dimensiones de nuestras vidas (por ejemplo, relacionamientos).

Responsabilidad es una oportunidad que nos permite reflejar la gloria de Dios por medio del liderazgo a favor de otros, pero debemos hacer eso con sabiduría y humildad.

¿QUÉ ES RESILIENCIA?

"La humanidad no puede soportar mucha realidad."

–T.S. Eliot

Existen dos tipos de realidad: positiva (prosperidad) y negativa (adversidad). Precisamos comprender estas verdades sobre la adversidad:

- Adversidad es real.
- Adversidad es común.
- Adversidad no es siempre mala.
- Adversidad puede ser vencida.

La Biblia dice que adversidad significa "probar" (Santiago 1.3; 1 Pedro 4.12). Y en griego antiguo, la palabra para "probar" se refiere a probar algo para comprobar su resiliencia. Eso significa golpear, empujar, lleva algo más allá de sus límites para ver si vuelta al sitio o a la forma como era inicialmente.

El diccionario Oxford define resiliencia como "la capacidad de recuperarse rápidamente de dificultades y la habilidad de una substancia o objeto para reconquistar su forma".

COMO DESARROLLAR LA RESILIENCIA

Resiliencia es una habilidad o capacidad, que sugiere que ella puede ser desarrollada y aprofundada. Helen Keller dijo: "Aunque el mundo esté lleno de sufrimiento, él también está lleno de superación del sufrimiento".

Alguien, una vez, preguntó a C.S. Lewis: "¿Por qué los sufren los justos?" y él respondió "¿Por qué no sufrirían? Ellos son los únicos que consiguen soportar".

Si usted quisiera volverse más resistente, considere como las perspectivas abajo pueden ayudarle en este proceso:

- Aceptar que la adversidad ocurrirá en su vida.
- Evitar tratamiento cruel consigo mismo (especialmente durante las probaciones).
- Acordarse es verdadero, bueno y bello.
- Elegir perdonar.
- Permanecer en relacionamientos conectados.

PROCESO – ¿Cuáles de estas 5 acciones puede ayudarle a quedar más resistente?

BONDAD EN LA ADVERSIDAD

La adversidad sí puede ser buena, y las Escrituras tienen mucho a decir sobre este tópico. De hecho, ¡es posible ser feliz en la adversidad!

"Dichosos serán ustedes cuando por mi causa la gente los insulte, los persiga y levante contra ustedes toda clase de calumnias. Alégrense y llénense de júbilo, porque les espera una gran recompensa en el cielo. Así también persiguieron a los profetas que los precedieron a ustedes" (Mateo 5.11-12).

"Dichoso el que resiste la tentación porque, al salir aprobado…" (Santiago 1.12).

"¡Dichosos si sufren por causa de la justicia! «No teman lo que ellos temen, ni se dejen asustar… Dichosos ustedes si los insultan por causa del nombre de Cristo, porque el glorioso Espíritu de Dios reposa sobre ustedes" (1 Pedro 3.14; 4.14).

Eso no significa que una persona siempre debe ser feliz en la adversidad, pero la adversidad siempre tiene buenas implicaciones para nuestras vidas y contribuirá para nuestro sentido general de bienestar cuando permitirse dejarla operar.

PROCESO – ¿Por qué cree usted que la adversidad puede ser buena? ¿Cuál valor existe en la adversidad para nosotros?

¿QUÉ ES RITMO?

"A veces salga, tenga un momento de descanso, pues cuando vuelve a su trabajo, su juicio será más apurado. Aléjese un poco, porque después que la obra parece menor, más de ella puede ser visto y una falta de armonía y de proporción es fácilmente percibida."

—Leonardo da Vinci

Todos necesitan dar un paso hacia tras, relajar y recuperarse. Necesitamos de fines de semana y de vacaciones. No hemos sido proyectados para seguir sin intervalos, y sin ellos, estaríamos cansados, agotados, enfermos y, así, moriríamos.

Dios tenía intenciones específicas para los seres humanos cuando nos hizo, y necesitamos dar atención a la importancia de esta realidad. Él quería que tuviéramos un ritmo en nuestras vidas, que nos mantuviéramos en un ciclo regular y repetitivo de actividad y descanso – y vivir así trae un grande beneficio. Debemos crear espacio en nuestras vidas para acomodar el inesperado, mantener una tensión saludable entre trabajo y vida, y encontrar un tiempo para intervalos regulares en medio al trabajo.

UN MODELO DE RITMO

Dios formó, para nosotros, el ritmo de vida que Él desea que sigamos, en el que trabajamos seis días y descansamos el séptimo.

Génesis 2.1-3: "Fueron, pues, acabados los cielos y la tierra, y todo el ejército de ellos. Y acabó Dios en el día séptimo la obra que hizo; y reposó el día séptimo de toda la obra que hizo. Y bendijo Dios al día séptimo, y lo santificó, porque en él reposó de toda la obra que había hecho en la creación".

En hebraico, "descansar" significa cesar o desistir de un deber o de una actividad regular. Entonces, descansar significa alejarse de cualquier cosa que hacemos, por lo menos, un día por semana.

La palabra en hebraico para "bendecido" significa santificar algo o hacerlo santo. Por lo tanto, sacar un tiempo para descansar no es algo opcional para nosotros. Es una ordenanza diseñada para nuestro bienestar.

PROCESO – ¿Por qué cree usted que Dios nos **ordena** descansar?

DESARROLLANDO UN RITMO

Gordon MacDonald escribió: "¿Dios necesita realmente descansar? ¡Por supuesto que no! ¿Pero por qué Dios optó por descansar? Sí. ¿Por qué? Porque Dios sometió la crianza a un ritmo de descanso y trabajo que Él reveló al observar su propio ritmo, como un precedente para todas las otras personas. De esta manera, Él nos mostró un secreto para organizar nuestros mundos particulares".[23]

Desarrollar un ritmo necesita de experiencia. Usted debe descubrir lugares, actividades, y períodos de tiempo que le produzcan descanso.

Un elemento llave siempre ignorado es simplemente dormir la cantidad cierta de horas. Dios diseñó el cuerpo para reparo y para recarga propios, pero él no puede desempeñar esta función si no tenemos tiempo suficiente para eso. Mientras el trabajo es bueno y honra a Dios, puede nos causar un grande mal si no encontramos un ritmo que incluya el descanso.

PROCESO – ¿Qué podemos aprender sobre el ritmo de vida de los siguientes pasajes? Marcos 1.35; Marcos 2.27; Marcos 6.30-31; Mateo 11.28-29.

¿QUÉ ES CONSCIENCIA?

David Foster Wallace, en su famoso discurso de graduación en el Kenyon College en 2005, dijo que: "El real valor de una real educación no tiene casi nada a ver con el conocimiento y todo que ver con la simple consciencia; consciencia del que es tan real y esencial, tan oculto en una visión común al nuestro alrededor, el tiempo todo, que tenemos que seguir acordándonos de eso por siempre".

¿Qué es consciencia? Consciencia es la habilidad de leer y abordar una situación. Por ejemplo, usted se queda consciente de que su amigo está luchando en contra la ansiedad. Ahora usted tiene consciencia que no tenía antes, pero ¿qué va a hacer con ese conocimiento? La consciencia aplica el conocimiento y busca modos de ayudar.

Sin embargo, estar consciente de que aquello que está ocurriendo en su alrededor no es el único tipo de consciencia. Usted debe estar consciente de aquello que ocurre dentro de sí mismo.

Consciencia es una habilidad emocional que beneficia todos los ambientes que influenciamos. Consciencia está relacionada con inteligencia emocional (IE o QE) y fue proyectada beneficiar nuestra habilidad de estar afinados con la vida, con nosotros y con os otros.

PROCESO – ¿Cuándo usted se quedó consciente de algo sobre un amigo o sobre usted mismo y abordó la situación de una manera que podría ser útil?

INTELIGENCIA EMOCIONAL (QE)

Inteligencia emocional es "la capacidad de estar consciente, de controlar, y expresar las emociones de alguien, y lidiar con relacionamientos interpersonales de forma criteriosa y empática".

En términos prácticos, la inteligencia emocional es sobre estar consciente de como las emociones conducen nuestro comportamiento e impacta otras personas positiva o negativamente, y aprender cómo gestionar estas emociones – tanto las nuestras como las de los otros – principalmente cuando estamos bajo presión.

- Autoconsciencia es comprender y regular las propias emociones.
- Consciencia social es leer y contestar las emociones de otras personas.

En resumen, consciencia es sobre como son nuestras experiencias con los otros y como los otros tienen sus experiencias con nosotros. Es sobre nivelar las pequeñas matices de la conversación, el tono, la postura, el lenguaje corporal y la energía en una sala.

AUMENTAR SU CONSCIENCIA

Las personas con gran consciencia pueden percibir el más sutil trastorno en una sala con percepción intuitiva. Es un don natural para algunos, pero para la mayoría, es una habilidad que debe ser desarrollada.

Entonces, ¿cómo usted puede aumentar esta consciencia?

Sintonícese con qué está ocurriendo a su alrededor y le de atención a los otros para sentir qué están sintiendo. No siempre es fácil percibir las emociones en su alrededor

o comprender sus propias emociones. Usted puede usar herramientas analíticas para identificar vacíos en su inteligencia emocional.

Mientras avanza, pida a sus amigos y a su familia por un feedback sincero y haga las adecuaciones necesarias. El trabajo sobre desarrollar sus habilidades, con escucha enfocada y empatía (sentir con). Usted puede buscar los servicios de un coach para darle un retorno y consejo personalizado, o puede frecuentar entrenamiento de liderazgo y leer libros e investigaciones relevantes.

En el área pública y profesional, la inteligencia emocional (QE) es ahora considerada más importante, más deseada, y más valiosa que la inteligencia cognitiva (QI)!

PROCESO – ¿Cuál beneficio inmediato cree que usted experimentaría después de aumentar su nivel de consciencia?

COMPRENDIENDO LA VOCACIÓN

La palabra inglesa para "vocación" viene de la palabra latina *vocare*, que significa "llamar o convocar", y se refiere al trabajo que una persona es llamada para hacer por Dios.

A veces, nos referimos a nuestro trabajo como "llamado" porque Dios nos ha llamado para realizarlo. En otras palabras, nuestro trabajo no es solamente una tarea, es una profesión con propósito. El que transforma una profesión en una "vocación" es un sentido de atribución divina para aquello que hacemos.

Eso envuelve oír la voz de Dios sobre qué Él nos ha llamado hacer. Oír su llamado puede ser difícil porque la voz de Dios no es solamente el único llamado para nosotros. Su voz siempre es encubierta por otras voces en nuestro alrededor.

Como ha escrito Frederick Buechner: "Existen muchos tipos de voces diferentes llamándole para diferentes tipos de trabajos, y el problema es descubrir cuál es la voz de Dios, y no la de la Sociedad, o sea, la del Superego o la del Interese Propio".[24]

La pregunta es si estamos oyendo a Dios, a nosotros mismos, o a alguien más cuando el asunto es nuestra profesión elegida. Dios tiene planes para nosotros, pero nosotros también, y los otros también.

ENCONTRANDO SU VOCACIÓN

Entonces, ¿cómo puede usted sintonizarse con la voz de Dios para saber Su plan para su vida?

Buechner explicó como oímos a Dios: "En general, una buena regla para descubrir eso es: el tipo de trabajo que Dios normalmente le llama a hacer es el tipo de trabajo (a) que usted más necesita hacer y (b) que el mundo más necesita que sea hecho. 'El sitio que Dios le llamó para estar es el sitio donde su alegría y la profunda hambre del mundo se encuentran'".[25]

De acuerdo con Buechner, una buena manera de pensar sobre su llamado es buscar la intersección entre su pasión y la necesidad del mundo. En otras palabras, usted debe mirar hacia dentro y hacia fuera.

Encontrar su vocación envuelve buscar y seguir las señales:

1. Biblia
2. Testimonio interno
3. Deseos personales
4. Circunstancia
5. Consejo maduro
6. Senso común
7. Dirección especial

PROCESO – ¿Las señales están de acuerdo? ¿Las puertas están abiertas? ¿Los otros confirman? ¿Está usted en paz? (Escrituras: Salmo 32.8; Proverbios 3.5-6; Proverbios 16.9; Romanos 12.2; Efesios 5.17; 6.6; Colosenses 1.9; 4.12.)

CONCLUSIÓN

Ahora que usted ha probado como las *Cuatro Dimensiones de la Salud Humana* crean una estructura para integrar amor en su vida, el desafío debe seguir. Esperamos que los capítulos contenidos en este guía le hayan ayudado a ver una manera de abordar la vida que traiga color y contexto a sus pensamientos, sentimientos y a sus acciones. Conforme hemos dicho en el inicio, amor no es solo una emoción. Es fundamental y estructural al fornecer arquitectura para todo en la vida.

Una vida orientada por amor es una decisión, momento a momento, vivida diariamente. Y usted debe comprender que aprender a amar de verdad, como una persona que Dios le diseño para ser, costará tiempo y esfuerzo. Así como usted ya ha invertido en la experiencia de las *Cuatro Dimensiones de la Salud Humana*, necesitará seguir adelante con este mismo abordaje. Encorajamos a usted que revise una vez más este guía, pues ha sido creado como una oportunidad de enseñanza para una sola vez. Por el contrario, es una herramienta que buscará mantener una vida equilibrada.

La estrada adelante será desafiadora. Usted puede probar gran lucha, e incluso sufrimiento mientras busca vivir una vida donde el amor este completamente integrado. Cuando ocurra eso, esperamos que consiga atraer coraje y conforto, como hacemos nosotros, leyendo Romanos 5.3-5.

"Y no sólo esto, sino que también nos gloriamos en las tribulaciones, sabiendo que la tribulación produce paciencia; y la paciencia, prueba; y la prueba, esperanza; y la esperanza no avergüenza; porque el amor de Dios ha sido derramado en nuestros corazones por el Espíritu Santo que nos fue dado."

Si hay algún modo de ayudarle a lo largo de la jornada, no hesite en ponerse en contacto con Love and Transformation Institute por el email (Info@LoveandTransformation.org) o por nuestro sitio de la web (LoveandTransformation.org). ¡Nos encantaría saber más sobre usted!

¡Ame de verdad!
Ben Bost e Kent DelHousaye

NOTAS FINALES Y REFERENCIAS

1. Alister McGrath, *Christian Theology: An Introduction*, 3rd ed. (London: Blackwell, 2001), 325.

2. Tim Keller, *The Reason for God: Belief in an age of Skepticism* (New York: Penguin Books, 2008), 215.

3. David Brooks, *The Road to Character* (New York: Random House, 2015), 257.

4. Henry Cloud and John Townsend, *Boundaries* (Grand Rapids: Zondervan, 1992).

5. According to published research by the APA, The Mayo Clinic, and Johns Hopkins Medicine.

6. Henry Cloud, *Integrity: The Courage to Meet the Demands of Reality* (New York: HarperCollins, 2006).

7. Jamil Zaki, "What, Me Care? Young Are Less Empathetic." *Scientific American* (January 2011).

8. Bill Strom, *More than Talk: Communication Studies and the Christian Faith* (Dubuque, IA: Kendall Hunt, 2013).

9. Patricia Ann Castelli, "An Integrated Model for Practicing Reflective Learning." *Academy of Educational Leadership Journal* Vol. 15, No. S1 (November 2011).

10. Henry Cloud and John Townsend, *How to Have That Difficult Conversation You've Been Avoiding* (Grand Rapids: Zondervan, 2003).

11. World Vision blog, https://www.worldvision.org/blog/social-justice-really-mean

12. Mary Poplin, *Finding Calcutta: What Mother Teresa Taught Me About Meaningful Work and Service* (Downers Grove, IL: Intervarsity Press, 2008).

13. James W. Sire, *The Universe Next Door* (Downers Grove, IL: InterVarsity Press, 4th Edition, 2004), 17.

14. Steve Wilkens and Mark Sanford, *Hidden Worldviews: Eight Cultural Stories that Shape Our Lives* (Downers Grove, IL: Intervarsity Press, 2009).

15. Roger Kimball, "Derrida and the Meaninglessness of Meaning." *Wall Street Journal,* Oct. 12, 2004.

16. Martin Luther, "Preface to his translation of St. Paul's Epistle to the Romans (1522)." *International Thesaurus of Quotations* (New York: HarperCollins, 1996), 214.

17. Tenth General Convention of the American Lutheran Church.

18. Stanley Grenz, "Theological Foundations for Male-Female Relationships." *Journal of the Evangelical Theological Society (JETS)* 41/4 (December 1998), 615-630.

19. Peter Kreeft, *Back to Virtue* (San Francisco: Ignatius Press, 1986), 156.

20. C.S. Lewis, *The Weight of Glory* (San Francisco: HarperOne, 2001), 45-46.

21. John Jefferson Davis, *Handbook of Basic Bible Texts* (Grand Rapids: Zondervan, 1984).

22. John Townsend, *Leading From Your Gut: How You Can Succeed From Harnessing the Power of Your Values, Feelings, and Intuition* (Grand Rapids: Zondervan, 2018).

23. Gordon MacDonald, *Ordering Your Private World* (Nashville, Thomas Nelson, 1984), 176.

24. Frederick Buechner, *Wishful Thinking: A Seeker's ABC* (San Francisco: Harper One, 1993), 118-119.

25. Ibid.

SOBRE EL LOVE AND TRANSFORMATION INSTITUTE

LTI es un grupo de líderes, educadores e innovadores de pensamiento progresista que se unen para crear un cambio cultural a través de la investigación sobre liderazgo, aprendizaje experimental, tecnología digital y recursos mediáticos.

Somos una organización colaborativa dedicada a explotar maneras innovadoras de transformar individuos. Familias, organizaciones y sociedades cambiando el modo como las personas en una escala global comprendan, experimenten e integren amor en sus vidas, en sus relacionamientos y en sus comunidades.

En el LTI, creemos que el amor es el agente absoluto de transformación de como las personas y las organizaciones funcionan. El amor es más que un sentimiento. Creemos que el amor es un catalizador que, cuando aplicado a los relacionamientos, los cura y los transforma. Y finalmente, desarrollamos recursos y fornecemos experiencias que ayudan las personas y los equipos a poner en práctica el amor para que pueden sentirse más saludables y obtener crecimiento.

Para más informaciones, visite LoveandTransformation.org

Evaluaciones
Coaching
Consultoría
Entrenamiento de Liderazgo
Desarrollo Organizacional
Conferencias
Simposios
Talleres/Eventos

Ben Bost es el cofundador del Love and Transformation Institute. Ben es innovador y mentor executivo que fornece recursos a los individuos y empresas como un catalizador para la naturaleza transformadora del amor en la cultura.

Kent DelHousaye es el cofundador del Love and Transformation Institute. Kent es coach executivo, consultor de liderazgo, pastor docente que trabaja con personas y empresas para que crezcan y permanezcan saludables.

www.ingramcontent.com/pod-product-compliance
Lightning Source LLC
Chambersburg PA
CBHW042012150426
43195CB00003B/96